ビジネスマンのための

「発見力」養成講座

こうすれば、見えないものが見えてくる

経営コンサルタント
小宮一慶

はじめに

発見力＝ものが見える力

同じものを見ていても、同じことを聞いていても、人によって、見えるものがこんなに違うのはなぜだろうと思ったことはありませんか？

ああ、どうして、それにわたしも気づかなかったんだろうと悔しく思ったこと、すごいなあとただただ感心してしまったことはありませんか？

見え方の問題という以前に、そもそも見える量がまったく違うような気がする、と……。

この十年、さまざまな情報へのアクセスは飛躍的に容易になりました。情報量による不平等はずいぶん少なくなりました。にもかかわらず、同じ情報に触れていても、そこから何を見るか、そもそも見えるのかどうかは、相変わらず人によって大きく異なっています（ここで言う情報というのは、ニュースやデータ、技術情報といったものだけでなく、街の様子や道端の草木まで、およそ、わたしたちが五感を通じて知覚するものすべてです)。

ほとんどの人が何も見えないでいるところに、ごく一部の人は、新しいマーケットを見、新しいサービスを着想し、株価の動きを察知し、会社の売上げの動向を予測します。

実は、そこには、それなりの「技」があります。「見える力」というべきスキルがあり、仕組みがあり、方法論があります。

本書は、その「ものが見える力」を身につけていくための方法をお伝えするものです。それは、多くの方々が欲しているであろう「発見力」「発想力」そのものだからです。


さて、経営コンサルタントとして、よく講演の機会をいただきます。「観察力」「気づき」をテーマにした講演もよく依頼されます。そうした講演で、最初に持ってくるのが、セブン‐イレブンの話です。

セブン‐イレブンの話といっても、フランチャイズのマネジメント法とか、単品管理の方法ではありません。セブン‐イレブンの看板、ロゴの話です。

ところで、セブン‐イレブンのロゴが「7-ELEVEn」と、最後がnで、小文字なのをご存じでしたか?

講演で、このことに気づいていた人は？　と尋ねると、たいていの人が気づかなかった、とおっしゃいます。セブン-イレブンのロゴなんて、ほとんどの人が始終見ているはずです。でも、気づいていないわけです。

人は何万回見ても、見えないものは見えない。
発見力も発想力も、基本は同じ。他の人には見えていないものを見る力です。
より正確に言うと、「見える力」です。

その「見える力」がなければ、発見しようにも、発想しようにも、そもそも、ものは目に入りません。見えていても見えない。ものが見えるようになるということが、発見力を身につけるということなのです。

さて、この、nが小文字だというのは、一部では有名な話らしく、Wikipediaの「セブン-イレブン」のページの概要の欄には、次のように記されています。

「7-ELEVEnの最後のnが小文字である理由は「7-ELEVEN」として登録を行った際、"単なる数字では商標として認められない“と言われたからである、という説がある。だが、実際のところロゴが生まれたのが大昔だったため、セブン‐イレブン側もよく分からないと言っている。」

わたしも似たような話を知人から聞いて、そこではじめて、セブン‐イレブンのロゴのことを気にかけるようになりました。それまでは、みなさんと同じように、見えていませんでした。気にもかけていませんでしたから。

ところが、このセブン‐イレブンのロゴの話を聞いたら、今度は、ローソンの看板が目に入ってきたのです。それまでは見もしなかったのに、ローソンの看板が目に飛び込んでくるようになってしまいました。

そこで、お聞きしますが、ローソンの看板がどんなデザインだったか、すぐに思い出せる方はいらっしゃいますか？

もちろん、一度も見たことのないという人はいないと思います。たいていの人が、たぶん何百回、何千回と見ているはずです。

それでは、いま、ローソンの看板をざっと描いてみてください。

どうですか？　ううーん、困りましたね。


まず、色は？

そうですね。水色です。あなたの観察力はすごい！　と言いたいところですが、これまでの経験では、百人中百人が水色と答えます。これは簡単。


では形は？　看板の形は？

実際に描いてみてください。どうですか？

四角ですか？　たしかに、四角を描く人がいちばん多い。間違っていますけれど。

それから、次に多いのが、丸い樽型みたいな形を描く人。これも違います。

答えは、上が丸っこくて、真ん中がくびれている上下対称の形。それが、水色の地色に、白の二重線で描かれているんです。


次は、文字です。文字はどうなっているかというと、まず、上の部分に英語で、全部大文字でLAWSONと書いてあります。最後のNは大文字でだいじょうぶです。

で、真ん中に、何か描いてありましたよね。何でしたっけ？　何かの絵が描いてあったと思いますが……。

ここまでくると、ほとんどの人が描けませんから、分からなくてもご安心ください。

正解は、牧場でミルクを入れる缶のような、ちょっと太った缶の絵です。色は白です。

そして、最後。その缶の絵の下には、何が描いてあるでしょうか？

そう。文字です。

「酒」？「24時間」？

ううん。みなさん、そうおっしゃいます。でもそれは、実はこの下に別の看板があって、そこに描いてあるんです。

では、ヒントを差し上げましょう。

頭がSで始まる英語です。誰でも知っている英語。

STORE？　SHOP？　STAND？

だいじょうぶです。これも、ほとんどの人が答えられません。
で、「答えは、STATIONです」と言うと、「そうだ！　マチのほっとステーションだった！」とコマーシャルを思い出すわけです（そうか、ローソンは、実は駅だったのです）。

別に、セブン‐イレブンやローソンの看板の話をしたいわけではありません。
言いたいのは、
何万回見ても、見えない人には見えない
ということです。

何万回見ても、見えない人には見えない。でも、わたしには見える。
さらに、今度からは、読者のみなさんも、「7-ELEVEn」のロゴの最後のnが小文字になっているのも、ローソンの看板がそんな形をしているのも、それから中に牛乳のタンクが描いてあるのも、それからSTATIONと書いてあるのも見えるはずです。

それは、まず、いまの時点で、セブン‐イレブンのロゴやローソンの看板に**関心を持っ**

たからです（当たり前だと思うかもしれませんが、とても重要なことなので、聞いてください）。

そして、さらに、「この本にそう書いてあるけど本当かな？　よし、見てやろう」と**「仮説」を持った**からです。

つまり、**ものというのは、実はちょっとしたきっかけがあると見えるようになる**のです。

では、その「ちょっとしたきっかけ」とは何なのでしょうか？

テレビで骨董品などの鑑定番組を見ていると、素人がどれだけ見ても分からないものを目利きの鑑定者は一瞬にして鑑定してしまいます。「見える力」があるからです。というか、「何を見るべきか」を知っているからです。

わたしは現在十数社の非常勤の取締役や監査役をしていますが、それぞれの会社にいる時間は、多くても月に数時間。役員会に出ている時間くらいです。おそらく、その会社にいる人の百分の一くらいの時間しか見ていません。

それでも、そのわずかな時間で、会社の状態を把握し、判断します（そうしなければ、経営コンサルタントの仕事は務まりません)。それは、会社を見るための「判断基準」を持っているからです。

判断基準がなければ、何千時間会社を見ても分かりません。でも、判断基準さえあれば、一瞬で会社の状態が分かります。それが「見える力」だと思います。

まず、関心を待てば、全体像なり、何かが見えてきます。少なくとも見ようとします。次に、重要なのは、「何を見るか」が分かっていることです。「判断基準」が分かれば、言い方を変えれば、こうではないかという「仮説」を立てれば、ものがよりはっきりと見えるようになります。

したがって、結論は、

関心を持てば、ものは見えます。

仮説を立てれば、ものは完全に見えます。

えっ？　どういうこと？　という方もご安心を。これから、順にお話ししていきます。

まず、第1章で、いかに、わたしたちが、見えているようで見えていないかについて、わたし自身の経験からいくつかの例を通じて説明します。

次に第2章で、ものが見えるようになる条件が関心と仮説であることと、その仮説の立て方をご紹介します。

第3章では、こうすればものが見えるという実例を、おもにビジネスの分野でご紹介します。

第4章では、「見える力」、すなわち発見力を養成するための具体的な方法について、ご紹介します。

そして、最後に、「見える力」を育てるための小さな十のヒントをあげておきました。

本書を読み終わったときに、これまで見えなかったものがどんどん目に入ってくるようになり、日々の生活の中から豊かな発見や発想が生まれるようになったら、幸いです。

小宮一慶

◉

目次

はじめに

第1章◉見えているようで、何も見えていない――21

第1章

見えているようで、何も見えていない

新幹線の改札機から出てくる切符、特急券と乗車券、どっちが上？

新幹線に乗るとき、改札機に乗車券と特急券の二枚を入れますね。そのとき、どちらの切符が上になって出てくるか、ご存じですか？

そんなこと、考えたこともない？

たぶん、たいていの方がそうだと思います。

実は、ＪＲ東海（東海道新幹線）とＪＲ東日本（東北新幹線、上越・長野新幹線）では、出てき方が違います。ＪＲ東日本では、入れた通りに出てきます。つまり、特急券を上に乗車券を下にして重ねて入れると、同じように、特急券が上になって出てきます。ところが、ＪＲ東海では、どんな入れ方をしても、必ず、乗車券が上になって出てきました。

なぜ、そんなことに気づいたかというと、わたしは、ある「判断基準」を持っているからです。この場合の基準というのは、「お客さま本位か？」ということです。経営コンサルタントをしている職業柄、いつも、それは「お客さま本位か？」という視点でものを見る習慣がついているのです。

仕事柄、年に百回ほど新幹線に乗ります。たいてい急いでいます。そのとき、改札を通ってから最初に知りたい情報は、行き先でもなければ、料金でもない。そんなことは、乗る前から知っているわけですから。

知りたいのは、乗る電車が何で何番線から出るのかということと、席は何号車の何番かということです。そして、それは特急券に書いてあります。

だから、特急券が上になって出てきてほしい。でも、出てこない。

ましてや、新幹線に乗るときというのは出張ですので、大きな荷物を抱えているときも多く、乗車券が上に出てくると、上下を入れ替えなければならず、一動作増えることになります。

不親切だな、と思います。というか、乗車券＋特急券という常識的な順序にこだわっているんでしょうね。いずれにしろ、それは「お客さま本位」ではありません。

つまり、**「お客さま本位」という「判断基準」で見ていたら、切符が自動改札機からどういう順序で出てくるのかに気づいた。その結果、ＪＲ東海とＪＲ東日本のサービスに対する考え方の一端も見えてきた、**というわけです。

思い込みの罠

さて、いま「JR東海では、どんな入れ方をしても、必ず乗車券が上になって出てきました」と過去形で言ったのは、実は、二年ほど前に変わっているからです。いまは、どうなっているかというと、入れたのと上下逆になって出てきます。つまり、特急券を上にして入れると乗車券が上に、乗車券を上にして入れると特急券が上になって出てくるようになったのです。

いつからそうなったのか、正確なところはわたしには分かりません。というのも、しばらくの間、わたしにも「見えていなかった」からです。わたし自身の思い込みのせいです。

先にお話ししたように、JR東日本では入れたままに出てくるので、わたしは、切符を入れるときは必ず特急券を上に乗車券を下にすることにしていました。そして、JR東海では、どうせどんなふうに入れようと乗車券が上になって出てくるのだからということで、同じ順序で入れては逆さまに出るのをいつも楽しんでいたわけです。

そうしたら、あるとき、うちの社員の一人が、「小宮さん、小田原駅の3番改札機だけは特急券が上になって出てきますよ」と言うのです。そんな、東京から新大阪までいくつもある改札機の中で、一台だけ違うなんてことがあるはずないだろうと思っていたら、別の社員が、「東京駅でも特急券が上に出ることがありますよ」と言います。

うそだろうと思いましたが、二人がそろって言うので、次に乗るときには、いつもと違う入れ方をしてみました。乗車券を上に特急券を下に、です。

そしたら、特急券が上になって出てくるではないですか！

その後、いろいろ試してみて、改札機を新しく入れ替えたところでは、必ず入れた順序と逆になって出てくることが分かりました。

どうせ絶対、乗車券が上になって出てくるのだからと、特急券を上に乗車券を下にという入れ方しかしていなかったので、気がつかなかったのです。

つまり、ここで二つのことが分かります。

ひとつは、**気にしていれば、ものは見える**ということ。どちらの切符が上になって出てくるのかに最初に気づくために必要だったのは、これでした。

もうひとつが、**「思い込み」があると、ものが見えなくなる**ということ。JR東海の改札機が変わったことに気づかなかったのは、これでした。大いに反省しています。

ついでに、新しい機械は古い機械より少し大きくなっているのにも気づきました。ただ、切符が出るまでにかかる時間は以前同様少し長いので、ちょっと気に入りません。

なぜ、よくお金を拾うのか？

ところで、わたしはよくお金を拾います。一万円札を拾ったことがこれまでに二回あります。一回は、文字通り、一万円札がちらちらと舞ってきました。知人と二人で原宿の焼き鳥屋を出て酔っぱらって歩いていたときのことです。その日は知人のおごりだったので、拾って彼にあげました（あ、本当は警察に届けなければいけませんね）。もう一回は、自宅近くの駅前で、前を歩く女性の後ろから三万円、ひらひらと落ちました。拾って、走って近づき尋ねると、その女性のものでした。

小銭でしたら、月に一度は拾いますので、今では会社にある恵まれない子どもたちへの寄付のための募金箱に入れています。

どうやら、わたしは、ふつうの人よりかなり高い確率でお金を拾っているようですが、それはなぜでしょう？　というわけで、二十五ページで申し上げたことの復習です。

ものが見えるかどうかの大原則は、次の二つでした。

1　気にしていると、ものは見える

2　思い込みがあると、ものは見えない

そうか、小宮は、いつもお金が落ちていないかと気にして歩いているのか、と思った方もいらっしゃるかもしれませんが、これぱかりは、そんなことはない！と言わせてください。実際、そんなことはありません。

それよりも、お金を滅多に拾わない人との違いは、2にあります。

実際、お金は、結構落ちているものなのです。ところが、たいていの人は、一万円なんか落ちているはずがないと思っています。

お金なんて、そうそう落ちているものではない、と思い込んでいるから、目に入らないのです。

あなたの時計は……？

先ほど、新幹線の改札機の話をしましたが、わたしは地下鉄でもどこでも、自動改札機を通るときには、必ずいい番号の改札機を選んで通ることにしています（縁起を担ぐのが好きなんです）。ところが、この話をすると、「改札機に番号なんかついているんですか」と言う人が結構います。たいてい、下のほうにあります。ご存じでしたか？

自動改札機というのは切符を通せばいいだけだと、その機能しか見てなかったら、別にそんな番号がどうついていようがかまわないわけですから、目に入ることもないでしょう。

「はじめに」でお話ししたセブン‐イレブンのロゴでも、ローソンの看板でも、セブン‐イレブンに行きたい人にとってみれば、セブン‐イレブンであることが認識できればいいわけですから、Nが小文字だろうが大文字だろうが、どうでもいい、ローソンだということが分かればいいだけで、もともと全部の情報をとろうとはしていないわけです（実際、全部の情報をとろうとしたら、たいへんなことになってしまいます）。

わたしたちは、関心のあるものだけ、自分にとって必要なものだけを見るようにできているのです。カメラのようにすべて写すように見ているわけではないのです。

関心のあるものしか見えない

では、このことをもう少し詳しくお話しするために、ここでまた、問題を出しましょう。
何か紙切れとペンを用意してください。

で、あなたがいまはめている腕時計の絵を描いてみてください。もちろん、時計は見ないで、思い出して描いてください。手首から外して、見えないところに置いてしまったほうがよいかもしれません。

縁取りはどうなっていましたか？
文字盤は？
どんな文字が書いてありますか？
時計の針は、どんな形でしたか？
バンドは、どんなふうになっていますか？

少し時間をかけて真剣に思い出してください。
そして、描けたら、腕時計と見比べてみてください。どうでしたか？
意外と不正確にしか描けないのに、驚きませんか？

おそらく、その時計を買うときには（それが高価であればあるほど）、微に入り細に入り、そのデザインを比較検討したはずです。さらに、毎日何回も、一年に何千回も見ているはずです。にもかかわらず、正確には覚えていない……。

なんだかショックですね。

では、ここで、もうひとつお尋ねします。また、時計をもう一度見えないようにして答えてください。

いま、何時何分ですか？

講演会や研修では、ここで、おーっという笑い声があちこちから出ます。いま、時計の針のデザインは一生懸命見ていたけれど、それが指す時刻については、見ていなかったことが分かるからです。

ふだん、時刻を知るために時計を見ているときは、文字盤そのもののことは正確には見ていなかった。逆に、文字盤のデザインのことばかり見ていると、今度は、時刻が見えなくなってしまった。

それは先ほどもお話ししたように、わたしたちは、目に入るものすべてを見るわけではなく、見るべきものをあらかじめスクリーニングしてから、その情報をとりに行く、つまり、「見る」ものと「見ない」ものを選別しているからなのです。

もう一度言いましょう。わたしたちは、デジタルカメラのように、全部くまなく頭の中に映像として記録するわけではありません。目に入ってくるものを選んで見る、というか、**あらかじめ、見ようと決めたものだけが「見える」**のです。

先に、大原則1として、「気にしていると、ものは見える」と言ったのは、こういうことです。

見えているつもりになっているだけ!?

必要なものを取捨選択して見る、というのは、人が生きるうえで必要なことです。全部の情報を収集し分析していたら、入ってくる情報量が多くなり過ぎて収拾がつかなくなって、何も判断できなくなってしまうでしょう。でも、ひょっとしたら、必要な情報まで見えていない可能性もあるかもしれませんね。それも、たくさん……。

もともと、見ようと決めたものしか見えないとしたら、見ようと思わなければ見えなくなってしまう。とすると、表面的なものだけを見て、**自分にはもう十分見えているつもりになっている人には、もうそれ以上は見えないことになってしまう**のではないでしょうか（「がんこ」というのはこういうことです）。

ちょっと見ただけで、パッと全体をつかむ人がいますが、実はそういう人がいちばん危険です。本質的なものを見逃していながら、そのことに気づかずに、分かったような気になって誤った判断をし、誤った行動を起こしてしまう可能性があるからです。

セブン－イレブンの最後のnが見えなくてもかまいませんが、会社の経営者がマーケットを見誤り、間違った営業戦略を決定するとしたら、これは、笑いごとではすみません。

何かのプロフェッショナルは、そのことについての素人には見えないものがたくさん見えるものですが、それは、**何であれ、見れば見るほど、見たいもの、見ようと思うものが増えてくる**からです。

言い換えると、物事には奥行きがあって、**深いところまで見れば見るほど、その先にまだ、見えていないことがたくさんあることが分かってくるのです。**

つまり、分かっていないことが分かってくる。そして、それらについての関心が高まる。だから、それを見ようとします。

つまり、見えないやつはいつまでたっても見えない。『バカの壁』といっしょです。分からないやつというのは分からないものなのです。

たとえば次の図で、物事をいつも1段階目とか2段階目までしか見てないくせに「それですべて」と思っている人に、3段階目があることを分からせるのは、すごくむずかしい。だって、そういう人たちは、それが「ない」と思い込んで生きているんですから。しかし、物事にはすべて「深さ」があります。

でも、3段階目まで行った人には、4段階目があるかもしれない、ということが分かります。4段階目の人は、さらに奥があるのを知っていますから、自分はまだものが全然見えていないんだろうな、ということが分かるわけです。それが、大事です。

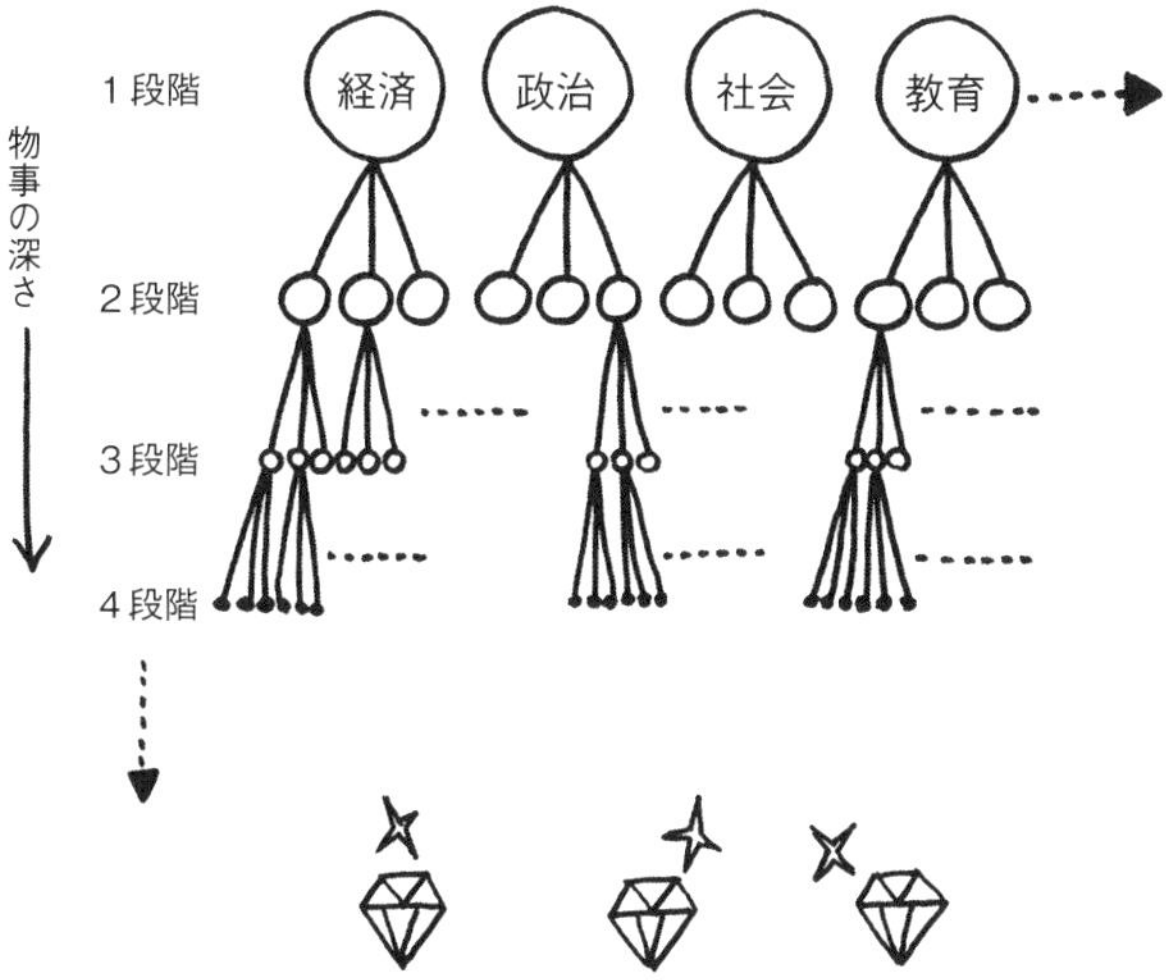

ものは深く見れば見るほど、
まだ見えていないものがあることに気づく

ものを見る力を磨くには、まず、自分には見えていないものがある、分かっていないことがあるという意識がとても大事です。

だから、表面だけちょっと見て、全部分かった気になるのは、危険だと言ったのです。必要なものを見落としてしまう可能性が高いからです。

わたしは、このことを、自分自身にも常に戒めるために、「分かる」と書くときには、必ずこの字を使うことにしています。「分かる」というのは、分かったことと分からないことを分けることなんですから。

このように、わたしたちは、自分で必要だと決めたものだけを選択して見ると同時に、えてして、本当に必要なものを見ていません。何が分かっていないかを知らないからです。

ここで、見える力について、別の大原則をあげておきましょう。

3　人は、自分に必要なことだけを選んで見ている

4　人は、本当に必要なことを見ていないことも多い

何やら禅問答のようになってきてしまいましたが、自分がいかにものを見ていないかということに、すこしでもびっくりしていただけたなら、それで十分です。そうしてはじめて、見ようという気になるのですから。

次の章で、ものが見えるための仕組み、方法について、お話しします。

見える力の大原則

1　気にしていると、ものは見える
2　思い込みがあると、ものは見えない
3　人は、自分に必要なことだけを選んで見ている
4　人は、本当に必要なことを見ていないことも多い

第2章
関心と仮説でものが見える

まずは関心

ものが見える**第一ステップは関心を持つこと**です。

みなさんは自動ドアを通るときに、その自動ドアがどこのメーカーかを見たことがありますか?

大多数の自動ドアには閉まっているドアの中央のよく見える位置にメーカー名の入ったシールが貼ってあります。わたしは必ず見ますし、見えます。なぜか?

わたしの顧問先に自動ドアの設置を行っている企業があるからです。水色のシールが貼ってあると、その会社の自動ドアです。

同様に、わたしは、在宅介護の車が走っていたら、どこの会社かも気になりますし、塾の看板があれば、それがどこの塾かにも注意がいきます。どちらも自分が非常勤の役員をしている会社がそれらの業種だからです。関心があるので、自然と見てしまうのです。

読者のみなさんも、好きな人のことならよく見ていると思います。それは関心があるからです。だから、**まずは、関心です。**関心があれば、その対象を見るようになり、自然と目に入ってくるようになります。

前の章で、わたしたちは目の前のことをすべてカメラのように見るのではなく、あらかじめ見るべきものを決めて、選んで見ているというお話をしました。それは、**関心がスクリーニングをしている**のです。

次に仮説

次に、「仮説」です。仮説とは「基準」です。これを持てば、さらによくものが見えます。つまり、関心を持って見えたものを、さらに進んで何らかの基準を持って見ると、よりはっきりと見えるのです。**正しい仮説を持つと「目利き」になれます。**

その「基準」や「仮説」がわたしたちの「見える力」を決定しているのです。

「はじめに」でも書きましたが、『なんでも鑑定団』というテレビ番組を見ていると、鑑定する人たちは、数分足らずの時間の中で、本物と偽物を見分けていますね。それは、「どこをどのように見ればよいか」という見分ける仮説を持っているからです。わたしたちだったら、一万時間を与えられたって、見分けられません。前提となる、それに関する仮説を持っていないからです。つまり、プロはどこのどういう点を見分ければ本物かどうかが分かるという基準、すなわち「仮説」を持っているのです。

分解してポイントを絞って見る

適切な仮説を持っていれば、自然に、ものがはっきりと見えてきます。つまり、物事の違いや類似点、因果関係や関連が分かってきます。

でも、仮説がないと、ものの存在に気づくことはあっても、それ以上のことは見えてきません。発見や発想にはつながりません。

つまり、**正しい仮説を自分で立てられるようになるということが、ものが本当に見えるようになる、ということ**なのです。

では、どうやったら、正しい仮説が立てられるようになるの？　ということですが、最初は、だれかにヒントを与えてもらうのがよいでしょう。

あなたが部下を指導する立場にあるのだったら、**まず、ステップ1として、あることに関心を持たせてやります**。すると、かなり見えるようになります。

たとえば、雑誌や広告の仕事をしている人は、通勤電車の中を見ているだけで、いくらでも企画は思いつくと言いますが、だからといって、経験のない人に、いきなり何でもいいから気づいたことを言ってみろ、と言っても、むずかしい。

この場合は、**まず、分解して、見るポイントを絞る**ことです。つまり、**関心を持つべきターゲットを絞るとものは見えやすくなります。**

わたしのお客さまに、アパレルの企画会社があります。そこの人たちは、やはりすごくよく見ているわけです。若い人たちも、よく見ている。なぜかというと、上司が若い人たちに、**分解して見るコツを与えている**からです。

アパレル会社ですから、当然、街中や電車の中で、自社が扱っている商品が対象とする客層に当たる人たちの服装には、目がいくでしょう。関心があるからです。

でも、そこで、「これから流行りそうな洋服を見てこい」と言われても、経験の浅い社員にはすぐには分かりません。では、「いま、若い女性の間で、どんな色の洋服が多いか見てこい」なら、どうでしょうか？

関心を寄せるべき対象が、「洋服→若い女性の洋服の色」と、かなり絞られます。これなら、だれにでも、見ることができます。

ここで、さらに、「今年の流行色は黒だと言われているが、本当にそうなのかどうか、黒い服の人の割合を見てこい」と言ってやったらどうでしょう？　すべての色を見ていたのが、黒対その他の色、ということになって、黒い洋服姿の人の数を正確に見てきます。

つまり、**関心に続いて、「仮説」（判断基準）を与えているわけです。**これがステップ２です。

このとき、黒と言ってもいろいろな黒があることや、素材によって印象が違うことまで見えてくるかもしれません。人によっては、黒が流行するときは景気が悪い、という風説を耳にし、過去の記録を調べるかもしれません。そうして、これまで関心もなかった新聞の経済面に目を通すようになるかもしれません。

仮説があるとものがはっきり見える

つまり、**見えないのは、ポイントがないからです。関心が持てないのも、ポイントがなかったからです。だから、こんなふうに分解し、ポイントを明確にすると、それだけで、かなり見えてくるようになります。**さらに、**仮説を持つことで、それまで見えなかったいろいろなことが見えてくる**のです。

まずは二分法ぐらいがいいでしょう。白か黒かぐらいのところからやると、見えるようになってきます。全体を見ると、見ているようで見ていない、になってしまうけれど、特定のことだけなら、初心者でも見えてくるものです（ただ逆に言うと、文字盤を見てくださいと言うと、時間が見えなくなってしまうのと同じように、色だけ見てきなさいと言ったら、素材が見えなくなるものです。そのことは、知っておく必要があります）。

新幹線のグリーン車で、景気を見る

このように、最初は、だれかに興味の対象を与えられたり、だれかに立ててもらった仮説や基準を使って見るところからスタートしますが、最終的にものが見えるかどうかのポイントは、仮説を立てられる能力、**現象を見て、こういうことじゃないかという仮説を立てられる能力を高められるかどうか**ということになります。

たとえば、またまた新幹線の話で恐縮ですけれど（実はわたしは、何を隠そう、新幹線オタクなのです）、わたしは、新幹線の中でだいたい、世の中の景気が分かります。何で知るかというと、グリーン席の隣の席が空いているかどうか、ただ、これだけです。

もちろん、隣に人が座る割合が高くなれば、景気はかなりよくなっているサイン。

年に百回ぐらいは乗って、それを以前は手帳につけていましたから、かなりのサンプル数になります。政府の発表する数字より、ずっとあてになります。

つまり、そんなふうに自分なりの仮説を立てて、新幹線の座席を見ているわけです。

では、どうやってその仮説を立てたかですが、**まず最初に、やはり「関心」があります。**

わたしの場合は、「できれば隣の席が空いているほうが楽でいいな」ということが、関心のきっかけです。

しかし、それで終わらず、それをわたしが知っている経営の一般論と結びつけたのです。

一般に、景気が悪くなると企業は3K、三つのKを削ると言われています。交通費、交際費、広告費の三つのKです。特に、交通費のうちのグリーン車料金などというのは真っ先に削られるはずです。

そこで、隣に人が座る確率と、実際の経済指標を比較してみたのです。**仮説を検証してみた**わけです。そうして、仮説が正しいことが分かりました。

ちなみに、いまは以前よりずっと隣にだれか座ることが増えてきました。つまり、景気はたしかによくなっているようです。

ただ、グリーン車全体に、高齢者が増えましたね。特に、東北新幹線には多くのシニア世代のご夫婦が乗車しています。さまざまな割引の制度などをもうけ、シルバー世代をターゲットに、各社いろいろ販売戦略を工夫しているんだなというシルバーマーケットのことも、ついでにいろいろと見えてきます。

小金井カントリークラブの会員権相場でお金の勢いが見える

ほかに、わたしが景気の動向を見るものとして、小金井カントリークラブの会員権相場があります。もう十年以上、日本にいる限り毎週、日経産業新聞の月曜日の小金井カントリーの相場を見ています。

いま（平成十九年八月）は九千六百万円ぐらいですが、バブルの最盛期は四億円、その崩壊後のどん底では四千万円ぐらいでした。数カ月前は、九千七百五十万までいきましたが、少し落ちてきていますね。

別に、小金井カントリークラブの会員権を持っているわけでも、買いたいわけでもありません。ただ、ゴルフは好きですから、小金井カントリークラブの会員権相場には関心はあります。なにしろ、会員権が日本で一番高いと言われるカントリークラブですから。毎週、つい見てしまう。

で、あるとき思ったわけです。この単なる「関心」を、経済指標のひとつとして見ることはできないかと。

それは、バブル崩壊の真っ只中のことでした。それまでは、株式相場を見ていましたが、株式は、景気が悪いときには、政府が年金資金などを使って操作するので、本当のところはよく分からない。どうしたらいいか？　そのとき、思ったのです。

小金井カントリーの会員権などに政府が介入してくることはまずない。つまり、まったく純粋に、世の中の余ったお金、それも最も富裕層のお金の勢いを見るのには、小金井の相場が一番いいのではないかと。


こうして、「世の中で余ったお金の勢いが、小金井カントリーの相場に一番よく表れる」という仮説を立てました。

以来、何年も毎週見ています。もちろん、経済を見る指標としてです。

毎週見ていると、いま（平成十九年八月）、直近のピークから落ちてまた少し戻してきているわけですから、景気はいまは踊り場だろうと、わたしは見ています。


でも、これも仮説です。当たっているかどうか分かりません。でも、わたしはそれで経済を見ています。新幹線の隣にどのくらいの確率で人が座るかで企業の業績を、小金井カントリークラブの会員権相場でお金の勢いを**見ている**のです。

ところで、この本のテーマからはちょっと脱線しますが、いま、景気がいいのは、ファンドのお金が動いているからです。世界的に金余りなのです。

その一番のもとはオイルマネーです。産油国が昔と同じくらいの量の原油を掘っていて、しかもこの数年で原油価格は三倍になっている。つまり、産油国は、三倍のお金を吸い上げて、それを世界中に投資しているのです。

その豊富な資金の一部が、日本に入ってきて、それがファンドに流れ込み、不動産価格を上げたりしているわけです。それは実需ではなくて、不動産投資信託などが買い上げている結果です。

調べてみると、日本全体の加重平均した地価は、まだ下がっているんですね。たとえば、丸の内や品川あたりに、いいビルがたくさん建ち、その地価は上がっていますが、その分、周辺地域や人気のない地域は下がっている。下がると、その周りのところにいる人たちが入ってくるので、その周りのビルや土地はもっと下がる、という具合です。

だから日本経済の実態はＧＤＰの数字ほどよくなく、不動産全体も本格的な上昇はないと思っています。

同僚が髪を切ったのに、いち早く気づくには？

では、もう少し身近な例をあげてみましょう。

会社の人（特に女性社員）の髪型の変化にいち早く気がつくには、どうしたらいいか、ご存じですか？　これにはコツがあります。

それは、月曜日にだけ、特に注意して見ることとです。

少し考えれば分かりますね。女性が美容院に行くと、パーマをかけたりカラーリングをしたりと、男性よりずっと時間がかかります。働いている女性の場合、会社のあとで行くのはちょっとむずかしい。となると、週末に行くに決まっています。

だから、月曜日だけ、どこか変わっているところはないか、切っていないか、染めていないかと注意して見ればいいわけです。


つまり、小金井カントリーの相場と同様、論理的（！）に考えて、女性の髪型が変わるのは月曜日という仮説を立て、それに基づき注意して見ているわけです！

それを水曜日ぐらいになって、「あれ？　髪型変わった？」などと言っている人がいますが、何も考えていないとしか思えません。仮説を持っていないからです。そもそも関心を持っていないのなら論外です。「あら、いまごろ、気がついたんですか？」と、かえって気まずいことになるだけです。

ところで、この仮説は、当然のことながら、専業主婦の方には当てはまりません。しかし、わたしは妻の髪型の変化についても見極めます。それは、いつも関心を持つように努力をしているからです。

サラダバーのプチトマトのへたを取ってあれば一流ホテル！

もうひとつ、身近な例をあげてみましょう。わたしが一流ホテルを見分けるための仮説その一です。それは、サラダバーのプチトマトのへたです。

それを取ってあれば一流ホテル、そう思って、ホテルのレストランの朝食のサラダバーでプチトマトがあるたびに見ています。

家族で、ファミリーレストランに行ったとき、たまたまサラダバーのプチトマトに、へたがついたままなことに気がつきました。それから、ほどなくして、ある地方のホテルオークラに泊まる機会があり、朝食でそのことを思い出して注意して見たら、へたは取ってありました。

そこで、「プチトマトのへたが取ってあれば一流ホテル」という仮説を立て、その後、ホテルやレストランに行くたびに見てみて、検証しました。ホテルの場合、朝食のサラダバーに必ずプチトマトが入っていますから。

その結果、へたを取ってあるところで悪いホテルはない、という結論を出しました。

この間、旭川で一番というホテルに泊まりましたが、へたは取ってなかったので、一流じゃないなと思いました（失礼！）。

これも「お客さま本位かどうか」という関心や仮説をいつも持っているから見えたのだと思います。

関心→疑問→仮説→検証

このように、**仮説を立てる第一歩は、まず「関心」です。**関心を持てばまず少なくとも対象全体は目に入ります。

そして次に、

あれ？　どうしてだろう？

ひょっとして、こういう理由かな？

と、何でもよいから少しでも疑問に思うことです。

たとえば、少子高齢化社会だからと、介護保険の導入にあわせていくつかの企業が介護事業に参入したが、結局は、介護事業は儲からず、学習塾が儲かっているのはなぜか？　通常は、地域の市場の大きさに比例するはずの動物園の入場者数、東京の上野動物園より、北海道の旭山動物園のほうが多くなっているのはなぜか？　等々。

ここで、**仮説を立てます。**

介護事業は参入も多く、かつ公的な保険で価格が決められているから儲からない。学習塾は市場が縮小しているが、そのため参入が少なく、かつ、少子化で一人当たりの単価が上がっているから儲かる。

旭山動物園には上野動物園にはない「感動」がある。

仮説を立ててみたら、それが本当に当てはまるかどうか、観察して、検証します。

プチトマトでいえば、一つのホテルで着想したら、他のホテルに行ってもそれが当てはまるかどうかを見るわけです。介護、塾市場なら統計を調べる、会社四季報を見る。旭山動物園なら自分で行くか、行った人に自分の仮説をぶつけてみる。

すると、たとえその仮説が成り立たないことが分かったとしても、**その過程で、あなたは、それまでとは違った視点で、ものを見ていることになります。**「**ものが見える**」のです。

仮説を立てるポイントは関連づけ！

ともあれ、ふだんの生活の中で、新聞やテレビ、雑誌などのニュースや話題を、まずは関心を持って見聞きすることです。これは、最初は訓練と思ってやることです（このことは後に詳しく話します）。関心の「引き出し」を増やすのです。

そして、その**関心を持ったことと、これまで自分で経験したことや他の関心のある事柄と関係づけができないかを考えます。**

というより、本来、**いろいろなことに本当に関心を持っていると、直感的に関連づけられるものです。**が、それが得意でないとしたら、意識して訓練することです。

そして、その関連づけをし、それに何らかの傾向がありそうなら、それが仮説です。あるいは、何らかの課題があるとき、その解決方法を論理的に考えてみます。そして、出た結論を仮説とすることもできます。

繰り返しになりますが、仮説を立てる力も訓練で向上しますし、その立てた仮説を観察によって常に検証するのも訓練だと思って続けていくと、「見える力」が向上していきます。

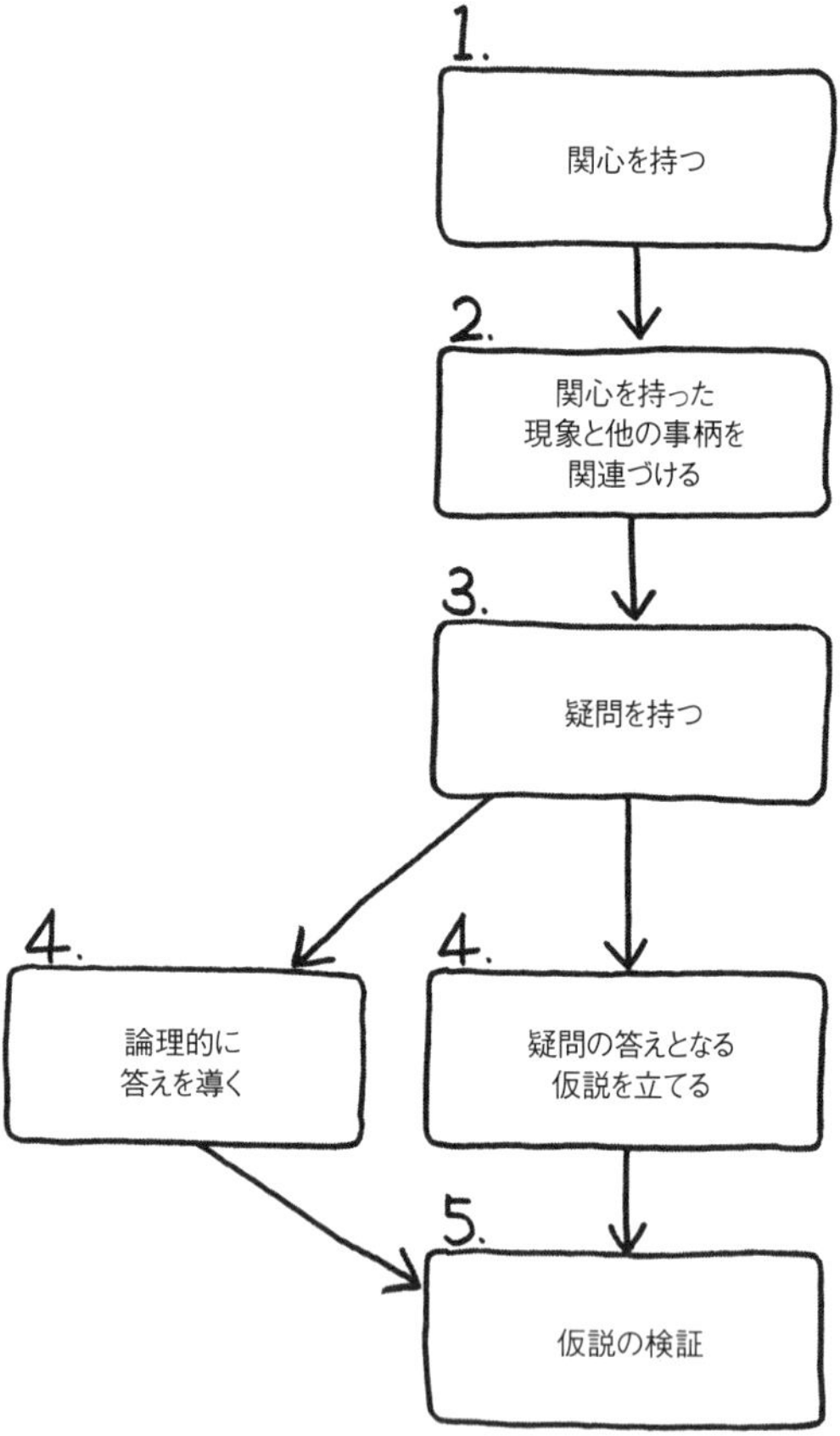
1.
関心を持つ
2.
関心を持った
現象と他の事柄を
関連づける
3.
疑問を持つ
4.
論理的に
答えを導く
4.
疑問の答えとなる
仮説を立てる
5.
仮説の検証

旭山動物園が上野動物園より入園者が多い理由

ところで、旭川市の旭山動物園といえば、その改革はすっかり有名になりましたが、上野動物園を上回る年間三百万人以上もの入場者を集めている理由は、何だと思いますか？

実は、旭山動物園にお客さまをお連れし、経営の研修をしたことがあります。中小企業の社長や幹部十九名の方が参加されました。

そこで、「この旭山動物園の園長さんになったつもりで、どうすれば、さらにお客さまを増やせるかを考えてください」という課題を出しました。まず、二時間半ほど園内を見ていただき、帰ってきてから、みんなでホワイトボードに書いていただきました。

ここで、旭山動物園のことを少しお話ししておきますと、そこには、特に珍しい動物がいるわけでもなく、動物を伝染病で相次いで失ったこともあり、バブル崩壊の九十年代半ばには、年間の入園者わずか二十数万人と、存続もむずかしい状況に追い込まれました。

それが一気に、日本国中、いまでは外国からもお客さまを呼べるようになったのは、一九九七年のこと。展示する方法を一般的な方法から、動物の行動が分かるようなものに変えてからです。特に、ホッキョクグマの水槽や、水中トンネルがあって泳ぐ様子の見えるペンギンのプール、自然に近い環境の中を自由に動き回るライオンやトラを見られる施設が人気です。

わたしが一番感動したのはキリンでした。キリンなんてどこの動物園にもいるのですが、キリンの顔を真ん中にして記念写真が撮れる動物園は、あそこだけではないでしょうか。キリン園の周りの道がスロープになっていて、上の方まで行くと、人間の顔の高さがキリンとほぼ同じ高さになる。えさ箱をその辺につけてあるから、キリンもそこに来るというわけです。

というわけで、いまでも世界で十四位の入場者数を誇るこの動物園の入場者数をさらに増やすには？　読者のみなさんならどうしますか？

さて、十九名の社長さんたちが書いてくださった提案は、正直言って……うう～ん。

「結構な丘陵地なので、お年寄りのために動く歩道をつければいい」

「解説をもうちょっと分かりやすい言葉でやる」
「ペンキが剝げているところをきれいにする」

はっきり言って、素人の答えですね。「改善」の域を脱していない（だからこそ、わたしの仕事が成り立つわけですが）。

ここで、さきほどお話しした、**疑問を持ち、その理由の仮説を立てるという作業**が重要になってくるわけです。

最初に、なぜ、こんな北海道のさらに奥地の旭川の、特に珍しい動物がいるわけでもない動物園に、日本中、世界中からお客さまがいらっしゃるのか？　という**本質に迫る疑問を持たなければなりません**。それが最初です。

本当に、不思議だと思いませんか？

そうした本質的な疑問を持たないと、目の前にあるものの改善策しか思いつきません。

まさか、動く歩道を求めて、分かりやすい解説を求めて、やってくる人はいないでしょう。それは、この動物園の人気の「本質」とは到底思えません。

――いったい、人は、ここに何を求めてやってくるのか？

方法論としては、ほかの動物園では見られない動物の行動が見られるというのが、この動物園の売りとなっていますから、ペンギンの散歩（冬の開園時の一番の人気イベント）のような企画をいくつも増やしていくということもあるでしょう。

だとすると、人は、ほかでは見られない動物の行動の様子を見に、旭山動物園にやってくる、というのが、疑問に対する答えであり、仮説となります。

それも悪くはないと思いますが、さらに、これを深めると、

――なぜ、人は、動物の行動の様子を見たいのか？

という疑問がわいてきます。見たからといって、特に何か得するわけでもないし、テレビでなら、文字通り動物の野生の姿をもっとクローズアップしてたくさん見ることができるのです。

どうやら、人は、動物の行動を見ることそのもののために来ているのではない、と思われます。

――では、何を求めて？

わたしは、「感動」だと思いました。
自分自身、キリンの顔を間近に見て、感動しました。子どものチンパンジーがわたしの目の前の窓を突然「ドン」と叩いたのにも驚きました。だから、
――旭山動物園に、人は感動を求めてやってくる
という仮説を立てました。

そして、その仮説に基づき、さらに入園者を増やすには？　という課題を、次のように置き換えて考えることにしました。
――感動をリピートさせるにはどうしたらいいか？

その視点からわたしが導きだしたアイデアは、コンサートです。大げさなものではなく、家族向けの、みんなで参加するコンサート。たとえば、三時になったら、ゾウの前に集まって、みんなでゾウさんの歌を歌いませんかと、呼びかける。四時は、クマの前で、森の

クマさんを歌うとか。森の音楽隊の歌もいいですね。そして、年に二回くらいは、オーケストラを呼んで、大々的なことをやればいい。いわば、ディズニーランドのパレードのようなものです。

このアイデア自体が集客にどのくらい効果があるかは分かりません。けれども、人は、感動を求めてやってくるという仮説。それに基づき、感動をリピートさせる仕組みを考えればいい、ということについては、自信があります。

そして、**それはすべて、なぜ？　と理由を問うところから始まっている**のです。

拡大している介護市場より、少子化の塾市場のほうが儲かっているのは？

では、先に、旭山動物園の例とあわせてあげた疑問、少子高齢化社会なのに、介護事業が儲からず、学習塾が儲かっているのはなぜか？　についても、少しだけ見てみましょう。

実は、私は、両方のクライアントを持っていて、たしかに、介護の会社より、塾の会社のほうが儲かっています。介護市場そのものは非常に伸びていて、介護保険が始まったとき、五兆円だったのが、いまでは八兆円と言われているにもかかわらずです。

手間がかかるので、人件費が高い？　そうですね。それもあります。

次に、伸びている市場には参入する企業も多く、施設の点でもスタッフを確保するうえでもますますコストがかかり、利が薄くなっている、だから儲からない、というのもあります。

逆に、塾の場合は、少子化のために、かえって一人当たりの子どもにかける教育費が高くなる傾向にある。一人当たりの子どもが受ける授業料の時間単価が高まっているのです。このため、利益率が高い。つまり、儲かる。

さらに、いくら儲かると言っても、何といっても少子化ですから、将来拡大が見込める市場ではないため、これから参入しようとする大企業は少なく、価格競争にもなりにくい。

では、こうした理由から、どんな仮説が立ちますか？

人は、子どもや孫にはお金をかけるが、自分にはお金をかけない傾向にある？

……そうですね。みなさんで自由に考えてみてください。

コンサルタントの工場視察、どこを見るか？

ものが見えるようになるには仮説を立てることである、そして、その仮説は、関心や疑問から始まる、というお話をしました。

そして、最初のほうで、関心を持ったり、適切な仮説を立てるための初歩的な技のひとつとして、分解してポイントを絞る、というのをご紹介しました（覚えていらっしゃいますか？）。ここで、仮説を立てるための別の技をご紹介しましょう。そのひとつは、

全体像を推測しうる一点を見つける

というものです。

仕事柄、工場を見ることがときどきあります。若いころも、銀行に勤めていたので、よく見ました。とはいえ、製造は専門ではないので、機械や設備を見てもよく分かりません。

そこで何を見るかというと、床を見ます。

――床がきれいな工場は、まず間違いない。

それが、わたしが立てた仮説です。

少々汚れていても製造にそれほど影響はないため、掃除をするにしても一番後回しにされるのが、工場の床です。しかも、すぐに汚れる場所です。それがきれいになっているとしたら、その途中のプロセスもきれいに、きちんと行われているはずだと思ったのです。

実際、いくつもの工場を回ってみて、その仮説が正しかったことが検証できました。

同じ考え方で、事務所の場合は、植物を見ます。観葉植物の手入れというのも、後回しにされてしまうものだからです。植物にまで神経が行き届いているかどうかで、会社全体の仕事ぶりが分かります(ただし、植物の場合はレンタルも多いので、全体が片づいているかなどももちろん見ます)。

一流の料亭や旅館の下足番の人は、お客さまを靴で見分けるといいますが、それも、同じだと思います。いい靴を履いているかどうかも見るでしょうが、それ以上に、汚れていないかどうか、かかとが減ったままになっていないかどうかなどを見ているのだと思います。靴はこまめに手入れしないとすぐに汚れたり傷んだりするからです。

このように、**ある一点を見ることによって、その全体像が分かるような仮説**が立てられると、ものの見え方はずいぶん違ってきます。

最近見ないコマーシャルから、企業の栄枯盛衰を知る

仮説を立てるための、もうひとつの技をご紹介しましょう。

ほかの人が気づかないようなことを見ることができるようになる、とっておきの技です。

それは、**消えてしまったもの、なくなったものに注目する、**ということです。

わたしたちは、出てきたもの、新しいものというのは気づく、でも消えてしまったものはなかなか分からない。文字通り、見えないわけですから。

これも**関心を持っていると分かる**ようになります。

身近な例でいうと、もう十年ぐらい前になると思いますが、横断歩道が変わったのはご存じですか？　昔の横断歩道と現在の横断歩道の違い。

そう、両端の縦線がない。いまの横断歩道には横線しか入っていないんです。でも、見た感覚としたら、横線だけでも横断歩道と分かる、だから、縦線がなくなったことには気がつかないのです（ちなみに、なぜ縦線がなくなったかというと、縦線を入れていると、雨が降ったときに、そこに水がたまって歩きにくいからだそうです）。

これを応用すると、テレビのコマーシャルから、企業の栄枯盛衰を知ることができます。ともすれば、新しいインパクトのあるコマーシャルに目を奪われますが、ものを見るプロを目指す者としては、別の視点がほしい。

そう、新しいコマーシャルよりむしろ、消えてしまったテレビのコマーシャルを見るのです。それだけで結構、業界の衰退が分かります。

たとえば、最近だと、テレビのコマーシャルがかなり減ったのはサラ金業界です。直接的には春からの自粛によりますが、貸出しの上限金利を下げられたため、各社とも苦しいのではないかと思われます。
ただ、ごく最近は、一時期よりはまた増えてきているように思われるので、ひょっとしたら、少し回復しているのかもしれません。

こんなふうに、消えてしまったものに注目していくと、別の角度からモノが見えるようになります。

では、消えていったものには気づかないというのはなぜでしょうか。その理由を整理してみましょう。

その理由が、第一章で、ものが見える力の大原則のところでお話しした「関心」です。気にかけるということです。

つまり、ものが見えるためには「関心」が必要なのですが、わたしたちは、出てくるものには関心があるけれど、消えるものには関心がない。ふつうの人は気にしていない。だから見えないのです。つまり、消えていくものに注意しているという人は、実はほとんどいないということなのです。

ただ、ひとつだけ添えておくと、わたしがテレビコマーシャルの消えていくものに注目したきっかけは、やはり「仮説」です。

グリーン車の隣の席の空き具合で景気を見たときと同じ仮説、すなわち、企業が儲からなくなってくると、まず三つのKを削るから、そのひとつである広告費は、削減されるという仮説です。

テレビコマーシャルは、ご存じのように、広告の中でも特にお金がかかります。ゴールデンタイムに全国放送の番組のスポンサーでもしようものなら億円単位です。だから、バブルが崩壊して以降すぐに、銀行や証券会社のコマーシャルが激減したのに気づきました。それまでは、大手証券や銀行が、すごくコマーシャルしていたのにと。

そこで、消えていったものを思い出すと、衰退したものが分かるなと思ったのです。

金のロレックスをはめている社長の会社は儲かっているか？

先ほど、仮説を立てるときの技として、全体を推測できる「一点」を見つけるというお話をしました。これを逆に言うと、その「一点」を間違えると、物事を見誤ることになります。

わたしもコンサルタントになってすぐのころは、お会いする社長たちに結構だまされました。かっこいいことをバーッとしゃべるでしょう？　それで、すごくいいロレックスの時計をしていたりすると、この人の会社はいいに違いないと思ってしまいました。

けれども、あとになって分かりました。金のロレックスは、会社の業績を表す「一点」ではなく、わたしたちの誤った思い込みを誘導する「レッテル」だったのです。

つまり、**仮説は、ときに誤った「レッテル」となってしまいがちで、そうすると、かえってものが見えなくなってしまいます。**

この「レッテル」というのは、心理学に興味のある方にはなじみのある言葉だと思いますが、「先入観」です。

ひとつだけ例をご紹介しましょう。精神科のお医者さんを被験者として行った心理学の実験です。

精神科のお医者さんに対して、精神的にまったく異常のないサクラの患者を何人も連れていく、すると、かなり高い確率で、各人に精神病の病名をつけたというのです。

というのも、精神科のお医者さんには、精神科に来る以上、何か精神的に病気を持っているに違いないという先入観があるからです。それがレッテルです。心理学をかなり勉強しているはずの精神科医にも先入観はあるということです。

だれでも、多かれ少なかれ、いろいろな先入観を持っています。そして、それがわたしたちに物事を見誤らせたり、見えているのに見えない状態をつくってしまうのです。

では、そうならないために、どうすればいいか？　というと、

先入観を疑うことです。

そもそも自分が先入観を持っていることに気づかないというところに、先入観の恐ろし

さがありますが（たとえば、自分は人を学歴で判断しないと思い込んでいる人に限って、子どもの学歴にはこだわったりします）、

――そもそも、この前提は正しいのだろうか？

と、考える癖がつくと、ものの見え方はかなり変わってきます。

さらに、いったん立てた仮説が、先に説明した、わたしが新幹線の改札機の券の出方に持ったような、レッテルと同じことになってしまわないよう、常に検証し続けることも大切です。検証するというのは、観察することです。見て、仮説に当てはまらないケースが一定量出てくることに気づいたら、潔くその仮説は捨てなければなりません。

というわけで、わたしも最初は、

「金のロレックスをしている人＝儲かっている会社の社長」

というレッテルで、クライアントの社長さんを見てしまいました。でもいまは、たぶん、だまされない。それは、より的確に会社を見抜く仮説を持っているからです。

これについては、次の章で、いくつか例をご紹介しましょう。

こうすればものが見えてくる！

1　分解してポイントを絞って見る
2　消えていったものにも注目する
3　疑問・不思議に思ったことの理由を考える
4　全体を推測しうる一点を見つける
5　先入観を疑う

第3章

たとえば、
こんなふうに見えてくる！

小宮流よい会社の見分け方

この章では、こんなふうにすればものが見える、という具体例をいくつかご紹介しましょう。職業柄、会社や経営に関するものが多いのですが。まずは、わたしの考える、よい会社の見分け方です。

- たとえば、先にお話しした観葉植物の手入れも、金のロレックスに惑わされずに、いい会社とそうでない会社を見分けるよいポイントになります。
- 社員が社内でひとりでも、「お客」と言ったとしたら、だめな会社です。いい会社は、社長からアルバイトまで、社内でも、会議やマニュアルでも、「お客さま」と呼びます。
- お客さまからの電話に対し、担当者が「会議中です」と言って出ない会社はだめな会社です。会社の売上げは、社内の会議からではなく、お客さまから生まれるものですから。

・受付に電話だけを置いている会社、受付嬢が「アポイントはおありですか」と真っ先に聞く会社は、よい会社とは言えません。

ここで「だめ」と言っているのは、いずれも、お客さまよりも社内を大事にしていることの表れだということに気づいていただけましたか？

つまり、最初に新幹線の自動改札機のところでもお話ししたように、わたしは、「よい会社はお客さま志向である」という仮説を持ち、それに基づいて、会社を観察するのです。経営コンサルタントとしての長年の経験は、それが正しいことを教えてくれています。

この仮説から、「お客さま志向の会社」にはどんな特徴があるか、観察してみると、それまでには見えなかったものが見えてくると思います。

ほかにも、従業員が、見知らぬお客さまにも声をかけている会社もいい会社です。それは、社員に余裕があり、お客さま志向の表れだからです。

そういえば、いつも「お客さま第一主義」とよく対比されるのが、「従業員第一主義」ですが、あるとき、おもしろいことに気づいて、それもわたしの仮説に加えました。

――「従業員が第一」と社長が言っている会社ほど、給料が安い。どうですか？　結構当たっていると思いますけれど……。

儲かっているレストランを見分ける方法

さて、レストランなどで、よく「研修生」とか「初心者マーク」をつけた店員を見かけますが、そんなものをつけさせるのはだめな店です。初心者だから代金をおまけしてくれるならともかく、そうでないなら、お金を払うお客さまにとって、これほど失礼なことはありません。そそうがあっても新人なので許してくださいと、最初からお客さまに甘えているわけですから。

レストランといえば、はじめて入った店が儲かっているかどうかは、次の仮説があれば、働く人の動きを見ると一目で分かります。

――働く人が止まっているレストランは儲かっていない。

一般に、飲食業というのは、高級なところは別として、大衆的なところなら、原価（つまり原材料の食材費ですね）は三十六％ぐらいが限界だと言われています。特にチェーン化しているところですと、この原価を守らないと利益は出ません。

この原価に人件費がプラスされるわけで、それが非常に重くかかってくる、というのがレストランのコスト構造です。

つまり、働いている人が本当に必死の状態で動いているところはある程度利益が出ているでしょうが、昼食時などの忙しいときに、従業員が止まっているようなところは、完全に人件費がかかり過ぎの状態にあるはずです。逆に言うと、その人件費をカバーするだけのお客さまがいない。だから、あまり儲かっていないはずだと考えるわけです。

ただ高級店は別です。たとえ原価率は同じだとしても、一万円とか三万円とか、一人あたりの単価が違いますから。すると一食出れば、十分人件費が出ることになります。

逆に言えば、もともと従業員が一生懸命汗水垂らして動いているような状態ではないところでゆったりと食事をしたい、というお客さまのために、高級店はそういう値決めの仕方をしているということでもあります。

会社の売上げを推測する方法

このように、ちょっとしたところを見ていれば、財務諸表なんて見なくても、その会社が儲かっているかどうかは、だいたい分かるものです。

売上げを知る方法もあります。非上場の会社に、売上げはいくらですかと聞いても、なかなか教えてくれないこともありますが、同じ業界なら、社員数を聞けば、だいたいの売上げは分かります。業界ごとの粗利率（売上げマイナス原価の割合）は、だいたい決まっているからです。

都会の中小企業の場合、年間一人当たり一千万円ぐらいの粗利を稼いでいると、だいたい儲かっていると言えます。地方は、業種にもよりますが、七百万円ぐらいですね。これが、大企業だと千五百万から二千万円でないとやっていけなくなります。

ここで、原価率を仮に三十％としましょうか。すると、粗利は七十％。これが一人当たり七百万円だとすると、売上げは一人当たり一千万円です。それに従業員数をかければ、ほら、売上高が分かるわけです。

さらに、粗利の何割を人件費に当てているか、これを「労働分配率」といいますが、平均すると、だいたい半分ぐらいでしょうか。いずれにしろ、どんな業種でも、一人一千万円の粗利は稼いでいないと、まともな給料は払えていないということになります。

ですから、粗利の低い会社は、売上げが非常に大きく上がっていても給料は低いということが結構あるわけです。粗利二十％以下の業界もありますから。

一秒で財務諸表を見る方法

会計の話が出たところで、財務諸表から一目で会社の状態が見える方法をお教えしましょう。

いま、会計ブームで、財務諸表の見方などの本が売れているのは、自分では会社の状態がいいか悪いかが分からないからでしょう。見えないのです。数字は同じように開示されています。わたしの周りにも、多くの人の周りにも。でも、それが見えないのです。

けれども、見方を少し知るだけで、だれにでも簡単に素早く見えるようになります。コツがあるのです。これも正しい仮説を持つことです。

ちょっと極端に言えば、たとえば、お金に困っている会社の社長がわたしのところに飛び込んで来たとして、その場合、はっきり言って、わたしは財務諸表などは見ません。なぜかというと、財務諸表なんて、場合によっては数ヵ月前のものです。そんなものは意味をなしません。

わたしが聞くことは決まっています。ひとつしかありません。

――現預金やすぐに売れる有価証券など（手元流動性）は月商の何カ月分ありますか？

中小企業の場合、現預金が月商の一ヵ月分以下だとしたら、親戚に頭を下げてでも、資産を売り払ってでも、銀行に土下座してでもいいから、とにかく、お金を借りたほうがいいと申し上げます。

お金がなくなったときに会社は潰れるのですから。

決算資料が赤字だろうが黒字だろうが関係ありません。とにかく払うべきものを払う期日に払わないと（特に銀行の返済などはそうです）、会社は倒産する。それだけです。

だから、それがポイント。ほかのものを見ると判断を間違えるだけです。


でも、そこそこ安定している会社なら、財務諸表を見せてもらいます。そこで仮に一秒だけ財務諸表を見るとすれば、貸借対照表の流動資産と流動負債の比率を見ます。

（経理や経営者ではない方は、貸借対照表とか流動なんとかとか、こういう言葉が出てきただけで、思わず引いてしまうかもしれませんが、むずかしいことではありません。流動負債というのは、一年以内に返済しないといけないお金のことで、流動資産は、現預金や売掛金など、一年以内に使うか現金化できるもののことです。）


で、もし一秒だけ、財務諸表を見るとしたら、その**流動負債が流動資産より多いか少ないかだけを見る**のです。

なぜなら、会社というのはふつう、一年以内に返済しないといけない流動負債が返済できなくなって潰れるからです。流動負債がたくさんあっても、それを上回る現預金だとか売掛金だとかがあれば、当面なんとかなるのではないかという仮説が成り立つからです。

もちろん、絶対に潰れないとは言えませんが、一秒だけ見るといったら、そこを見ておけば、まず当面はだいじょうぶ、これがわたしの見方です。これも仮説です。

第4章
見える力を養う方法

1　ほかの人より少しよけいに勉強する

1　物事を根幹の部分から考える

ものが見えるようになるための訓練法についてこれからお話しするわけですが、これは、実は勉強法の話になります。どういうことかというと、勉強を積み重ねていって、ほかの人よりも少しだけ余計に勉強すると、見え方が違ってくるのです。

いろんな情報を積み重ねると同時に、**一番根幹から物事を掘り起こしていく**と、それは何なのか、ということになって、違うものが見えてくるのです。

たとえば、たまたま先ほどまで読んでいた、評論家の吉本隆明さん（作家の吉本ばななさんのおとうさん、といったほうがいまの人には分かりやすいかもしれませんが、六十年安保、七十年安保のころ学生たちに大きな影響を与えた、言ってみればバリバリの左翼です）の本によると、彼は、左翼ではあるけれど、天皇制を否定しないのです。天皇というのは神官、祭事を司る巫女の親分みたいなものだからと。

彼の見方に賛成するかどうかということではなくて、わたしが共感したのは、なぜ彼がそうした見方に至ったのか、という点です。勉強するのだったら、一番もとのところまで行って、きちんとそこから押さえていけば、いまの時代がどうなっているのか、なぜ、いまの時代があるのかということが分かると、彼は言っているわけです。

わたしは、コンサルタント業の傍ら、明治大学の会計大学院で会計を教えていますが、そこでも同じようなことを感じます。会計大学院ですから、当然、学生たちはみな会計士をめざしています。で、公認会計士の試験に出る問題ばかりを追いかけているわけです。でも、会計制度とは何なのかとか、会計制度を必要としている経済とか経営とは何なのかという根幹のことを勉強しておかないと、実は会計自体が分からないんですね。

制度が変わった。新しい制度についてはよく知っている。なにしろ試験が控えているわけですから。でも、なぜいま、時価会計を行わないといけないのか、キャッシュフロー計算書のようなものが出てきたのかということになると、お手上げなわけです。

「WHAT」には答えられるが、「WHY」には答えられない。ましてや、そもそも、なぜ会計が必要なのかと尋ねると、ほとんどだれも答えられません。そんなこと、考えたこともないからです。

でも、そうしたこと、つまり、**物事を根底から考える人にだけ見えていることというのは、実は驚くほどたくさんあるのです。そして、物事を根底まで考えられる人のほうが、実は「WHAT」も多く見えるようになります。**

いまの会計の話でいえば、会計にはふたつの目的があって、ひとつは、その会社の内容を、会社の外部の人に客観的に見せるためのもの。もうひとつは、内部の人が、自分の会社の状態がいいかどうかを知るためのものです。

この大きな目的が分かっていれば、会計がどう変わっていくか、どう変わっていくべきかというのは、おのずから分かるはずです。**頭を鍛えれば分かる。**

ところが、頭を鍛える前に記憶力で勝負しようとするから、本質的なところが見えてこない。試験に出る問題の計算方法は分かっても、本質的なことが分からないのです。

走り幅跳びの選手は、踏み切る瞬間の技術だとか、そこばかり訓練してもだめで、その前の走力をつけないと、跳べない。それと同じです。頭をよくするとか、深くものを考えるというのは、走力をつけるのと同じです。

だから、逆に言うと、**深くものを考える習慣をきちっとつけておけば、ものは自然と見えてくるようになる**のです。

２「道具」を使いこなす

勉強のもうひとつの方向は、道具としての「技」を身につけることです。技があると、見やすくなります。技を持つことにより、ヒントが与えられたり、分解して考えるきっかけとなるからです。

たとえば、経営コンサルタントというのは、経営分析に関するさまざまな道具＝技を持っているから、それを知らない人には見えないことが見えるわけです。

たとえば、「プロダクト・ポートフォリオ・マネジメント」って聞いたことがありますか。PPMと言って、昔、ボストン・コンサルティング・グループが考えた戦略や製品分析の手法です。

左のページの図のように、縦軸に成長率をとって、横軸にマーケットシェアをとります（シェアは左が高く右が低いのが「見えて」いますか？）。で、マーケットシェアが低くて成長率の高いものは「クエスチョンマーク（？）」といって、どうなるか分からない。マーケットシェアが高くて成長率も高いものは「スター」。逆に、マーケットシェアが低くて成長率も低いものを「負け犬」、英語で「Dog」と言います。で、マーケットシェアが高くて成長率が低いものを「金のなる木」、英語では「Cash Cow」と言います。

企業が新商品ではじめて市場に参入しようとするときは、たいてい「クエスチョンマーク」のところにいます。市場の成長率は高いけれど、自分たちはまだマーケットシェアを

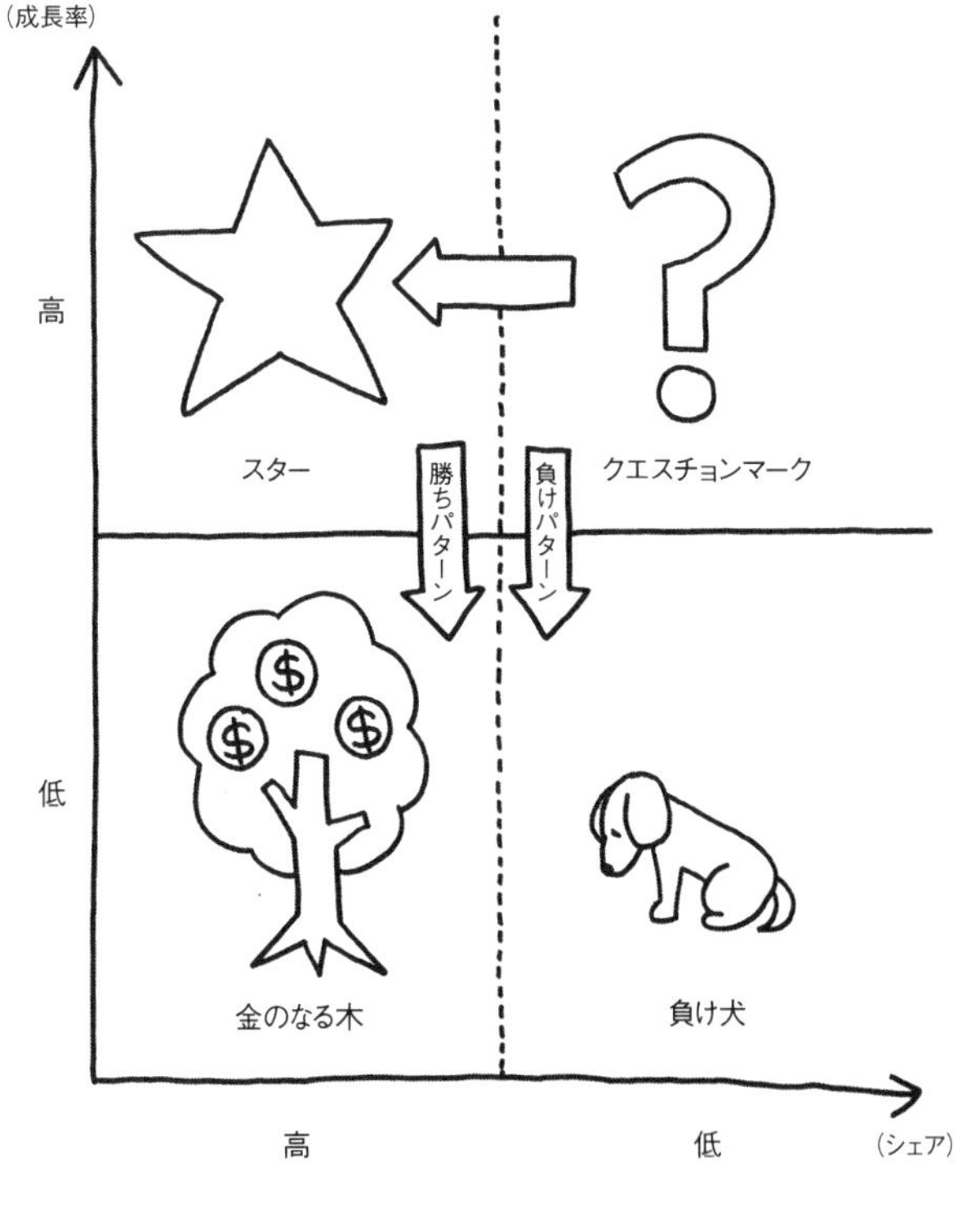

プロダクト・ポートフォリオ・マネジメント

持っていないわけですから。

で、それが、成功すると、「スター」になります。成長率の高い市場で圧倒的なシェアを誇るわけです。

次第に、市場が成熟して、成長率が鈍化してくると、他社が参入してこなくなり、広告・宣伝などへの投資もしなくてよくなります。つまり、「金のなる木」となるわけです。

そして「負け犬」になったら、これは撤退していくということです。


このPPM（プロダクト・ポートフォリオ・マネジメント）は、単なる道具です。ただ、道具を使いこなすと、はじめて見えてくることもあるのです。

たとえば、小林製薬という会社があります。次々にヒット商品を生み出しています。なぜか？　理由は簡単で、従業員さんが月一個、会社全体で年間三万ぐらいのアイデアを出し、その中で厳選していく仕組みがつくってあって、年間六十から七十のアイデアを商品化し、「クエスチョンマーク」として市場に投入するからです。

だから、「熱さまシート」だとか「トイレその後に」とか、奇抜なネーミングのものがあって、結構それが受けているんですね。

ところが、問題点もあります。「熱さまシート」や「トイレその後に」のように、当たって「スター」になるものもありますが、いずれもアイデア勝負の商品なので、他社がすぐまねをしてしまい、なかなか「金のなる木」にならないのです。

それでも、どんどん新商品を投入し続ける。

つまり、小林製薬という会社は、この「クエスチョンマーク」をどんどんつくり、「スター」をつくっていくことによって、成り立たせている会社なのです。

逆に、花王という会社は、そんなにたくさん新しい商品は出しません。ただし、ヘルシア緑茶だとかエコナだとか、長く売れる商品を持っています。

それは、もともと花王には、界面活性剤や香料製造のコア技術があるからです。他社は簡単にはまねできません。

このように、コア技術があり、世の中のニーズを先取りして商品をつくるので、花王の商品は、「スター」になる、そして、よそが参入できないので、「金のなる木」になる。そして、安定してキャッシュフローを生む。これが、花王という会社が成り立っている理由です。

同じような業種の会社でも、それぞれの戦略の違いが見えてきませんか？

このように、「技」＝道具を持っていると、それがないときと比べて、物事が格段によく見えてきます。

このPPMのような技は、コンサルタントやビジネスマンにとっては「はさみ」のような道具といってもいいかもしれませんね。現象を切って分析するための道具です。

3　知識を蓄え、結びつける

技＝道具をたくさん持っていると、それに応じて、いろいろなことが見えてきます。

たとえば、「マズローの欲求の五段階仮説」と女子高生のプリクラ、ルイ・ヴィトンの関係についてとか。

これ、分かりますか？　これもわたしの仮説です。

マズローというのは、二十世紀半ばに活躍したアメリカの心理学者で、人間性の心理学の生みの親とされています。中でも、左のような彼の「欲求の段階（ピラミッド）説」は

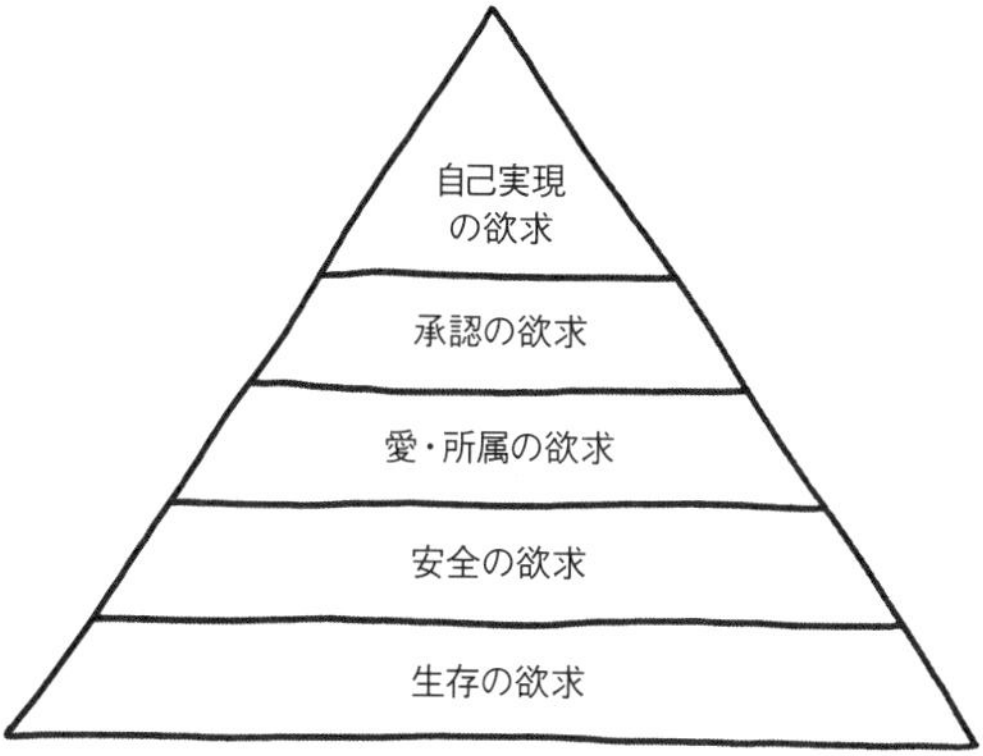

マズローの欲求のピラミッド

有名で、それによると、一番下が「生存の欲求」、二番目が「安全の欲求」、三番目が「愛・所属の欲求」、四番目が「承認の欲求」、最後が「自己実現の欲求」です。

そして、人間は自己実現に向かって絶えず成長する生きものであると定義したのです。

心理学を学んだ人はご存じでしょうが、わたしは法律学や経営学が専門だったので、自分で勉強しました。マーケティング理論に行き詰まったときに、心理学を勉強したのです。

「どうすれば売れるのか」というのが、マーケティング理論です。ところが、問題解決にはある程度なるものの、最終的には、マーケティング理論では、ものは売れないのです。

そこで、そもそも人は「なぜ、ものを買うのか」、とアプローチを変えてみました。すると、それは心理学の領域だったのです。

そこで、心理学の一般的な教科書を何冊か丹念に読んでみたところ、最初に、それに関連して出てきたのが、「欲求」という概念でした。欲求には、「一次的欲求」と「二次的欲求」があって、というようなところから始まって、大体その次に、マズローの欲求段階説が出てくるのです。

で、それを読んだときに「マズローの仮説は当たっている」と直感しました。たとえて言えば、プリクラだと。

いまならケータイのメールやカメラでしょうが、十年くらい前のことですので、女子高生の間ではプリクラが大流行でした。で、見ていると、彼女たちは絶対一人では撮りません。必ず四人、五人で撮っています。そして、それを、プラスチック製のシステム手帳に横からきれいに貼っていくのです。

これはまさに、「誰かに愛されたい、誰かと仲間でいたい」という、マズローの三段階目の「愛・所属の欲求」です。そうやって、自分がその仲間に属しているということを確認しているわけです。当時流行っていたルーズソックスもまったく同じです。

その手の商品は、わたしに言わせれば「友情確認商品」なのです。その欲求を満たすことのできるものが売れるのです。

ところが、女子高校生たちは、それだけでは満足できなくなります。そこで、今度は、ヴィトンのバッグが欲しくなる。それが、四段階目の欲求、「承認の欲求」なんですね。仲間の中で自分は認められたいという欲求です。

大人たちの金のロレックスもベンツも豪邸も自家用飛行機も、ステータスシンボルの商品は、人のこの承認欲求を満たすからこそ売れるのです。


で、それを卒業した子たちが次に何をするかというと、よりきれいになりたいとか、能力を磨きたいとか、たとえば会計士の学校へ行ってみようとか、お茶のおけいこをしようとか、つまり、最後の「自己実現の欲求」へと向かうわけです。まあ、現実には、多分に、承認欲求のまま、それを行い、それ以上成長しない人も少なくありませんが。

ともあれ、マズローが言う自己実現というのは、なりたい自分ではなくて、なれる最高の自分になることですから、結構当たっていると思います。

このように、わたしの場合、マズローの欲求段階説を知ったことによって、**それまで、マーケティング理論だけではどうしても見えなかったところが見えてきました。**

でも、これも、マーケティング理論に行き詰まって、やむにやまれず心理学を勉強したから、わたしの「引き出し」が増えたのです。だから、その仮説とマーケティング理論や売れている商品とが結びついたわけです。最初から、ビジネスとは関係なしにマズローの仮説だけを勉強していたら、そうはならなかったかもしれない。

つまり、**人よりものが見えるようになるには、人よりたくさん勉強し、知識や道具の引き出しを増やしていくこと**が必要ですが、それだけでは、知識が引き出しに入ったままになってしまいます。必要なときに、その引き出しの**どれを、いくつ開けられるか、どのように組み合わせて使えるか、というのが、人のものの見え方を決定します。**

では、どのように、というのが大きなテーマですが、ここでひとつだけあげておくとしたら、やはり、**渇望しているのだ**ということだと思います。

どこまで真剣に、切羽詰まって、解決策を求めているかだと思います。

この点については、また、あとで詳しくお話しします。

余談になりますが、「ステータスシンボル」となる商品の特徴を知っていますか？ もちろん、「高価」、「希少性」。「だれでも知っている」という特徴もあります。いちいち説明しなければならないようなものはステータスシンボルにはなりにくいのです。ロレックスとすぐ分かる。ロレックスより高価な時計はたくさんありますが、ロレックスはデザインの特徴からロレックスとすぐ分かる。ベンツも同じです。そのためにこれらのメーカーは膨大な広告宣伝費を投じています。認知度を高めるためです。

もうひとつの特徴は分かりますか？ ヒントを差し上げると、「腕時計や車はステータスシンボルになりやすいが、置時計や家はなりにくい」です。分かりますか？

答えは「**持ち運びができる**」です。置時計や家もステータスシンボルになりますが、人をそこまで連れてこなくてはいけません。持ち運べるもののほうが、都合が良いのです。

これらのことは、わたしの仮説ですが、**心理学の「誇示」ということを勉強していたときに思いつきました。**

2 新聞を読む

1 毎朝、前から順番に新聞を読む

最近は、新聞をとらないで、ヘッドラインだけインターネットでチェックする人も増えているようですが、新聞は、ものが見えてくるための知識の引き出しの宝庫です。読まないなんて、もったいない。

この場合、まずお薦めしたいのが、前から順番に読むことです。

たいていは、まず、ざっと一面を見て、それから三面を見て、漫画を見て、テレビ欄、女性なら生活欄、男性ならスポーツ欄を見てと、そんな順番じゃないかと思います。人生相談とか、そういう欄のお好きな人もいるかもしれませんね。

実際、新聞というのは、後ろから読んだほうがおもしろいのです。でも、朝の忙しいと

きに、そうやって後ろから読んでいると、政治・経済や国際面に行く前に、終わってしまいます。それがまずいのです。

なぜ、まずいかというと、関心の幅が広がらないからです。**人以上にものが見えるということは、人以上に関心の幅が広く、また奥行きが深いということだからです。**

人は、関心のあることしか、目に入らない。だとしたら、**関心の幅を広げることです。**

幅広い関心は、ものが見えるために必須です。そして、**無理矢理にでも関心の幅を広げるうえで、新聞は、もっとも手軽で良い教材となります。**

がまんして、一面、二面、三面と、前から順番に目を通していってください。これも訓練です。そうすれば、否応なしに、ビジネスマンに必須の、政治・経済・国際情勢が目に入ってくることになります。最初は見出しが目に入ってくるだけで十分です。そして、それを毎日繰り返す。

そのように一面から、毎朝繰り返し、読んでいれば、関心の高まりとともに必ずものの見方に違いが出てきます。

2　経済統計で定点観測をする・仮説を検証する

わたしは、**日経新聞の月曜日の経済統計**を、毎週、本当に隅から隅までほとんど見ています。まあ趣味みたいなものですが、これが仕事にたいへん役立っています。『景気指標』という名前で出ていて、一面全部で左半分が国内の統計。右半分は、週によって上二段が米国のときと、米国一段＋欧州一段、米国一段＋アジア一段と、その繰返しです。

そこには、経済を分析するうえで必要なほとんどすべての統計が出ているのですが、不思議なことに、ほとんどの人が見ていないようですね。実にもったいない。

たとえば、左側の国内の、まず、一番左上はわが国の国内総生産（GDP）。それから日銀短観の数字があり、鉱工業指数。二段目にいくと一番左は稼働率指数があって、半導体関連の数字、粗鋼生産高などが順に出ています。

三段目は、現金給与総額につづき、その隣は雇用関係の数字です。完全失業率とか有効求人倍率。それから、真ん中辺りに、家計の消費支出、新車販売台数、百貨店売上高等。

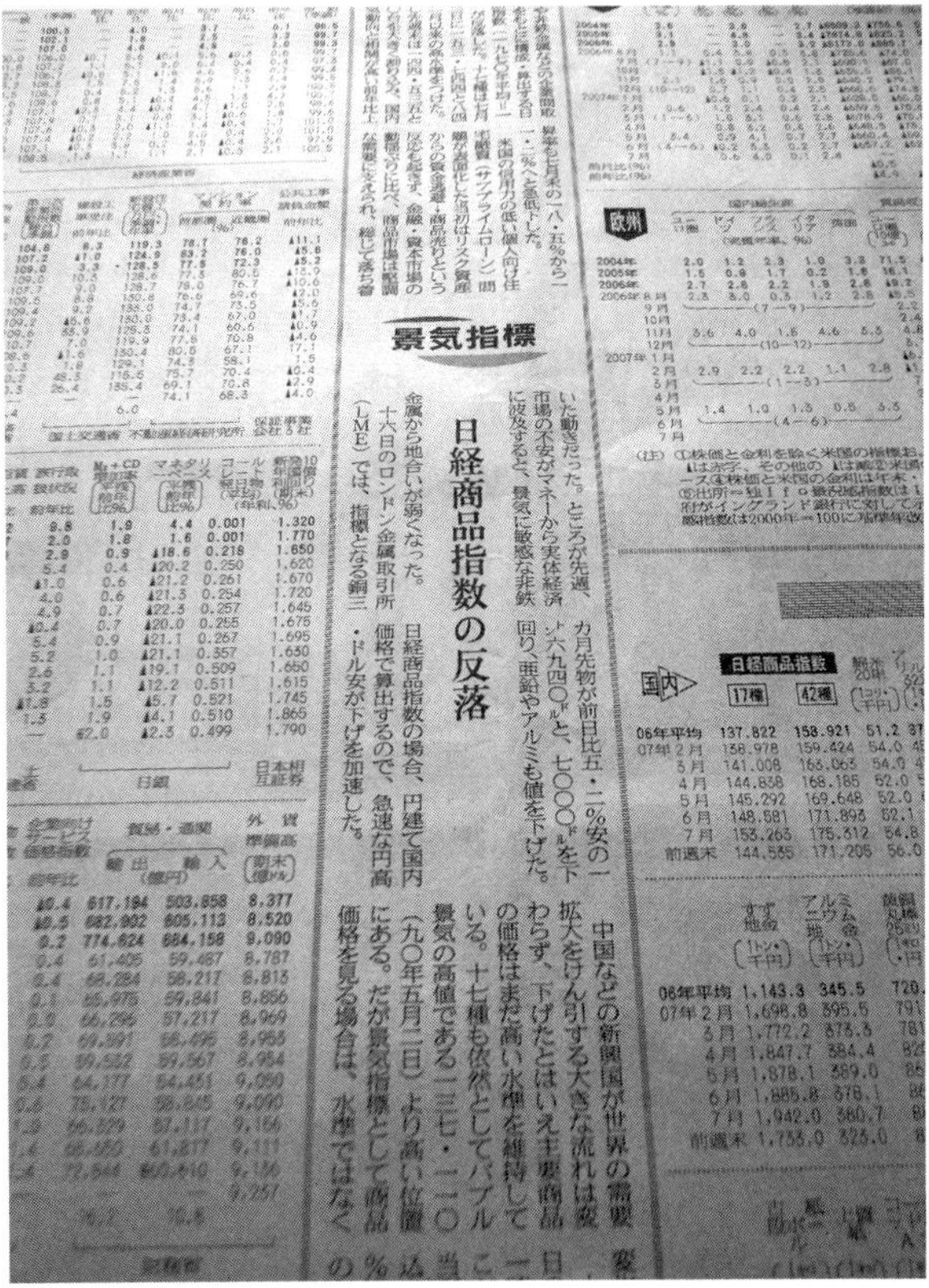

景気指標

日経商品指数の反落

いた動きだった。ところが先週、市場の不安がマネーから実体経済に波及すると、景気に敏感な非鉄金属から地合いが弱くなった。十六日のロンドン金属取引所（LME）では、指標となる銅三カ月先物が前日比五・二%安の一㌧六九四〇㌦と、七〇〇〇㌦を下回り、亜鉛やアルミも値を下げた。日経商品指数の場合、円建て国内価格で算出するので、急速な円高・ドル安が下げを加速した。

中国などの新興国が世界の需要拡大をけん引する大きな流れは変わらず、下げたとはいえ主要商品の価格はまだ高い水準を維持している。十七種も依然としてバブル景気の高値である一三七・一一〇（九〇年五月二日）より高い位置にある。だが景気指標として商品価格を見る場合は、水準ではなく

日経商品指数

	17種	42種	
06年平均	137.822	158.921	51.2
07年 2月	138.978	159.424	54.0
3月	141.008	163.063	54.0
4月	144.838	168.185	52.0
5月	145.292	169.648	52.0
6月	148.581	171.898	52.1
7月	153.263	175.312	54.8
前週末	144.585	171.205	56.0

	すず地金	アルミニウム地金
06年平均	1,143.3	345.5
07年 2月	1,698.8	395.5
3月	1,772.2	378.3
4月	1,847.7	384.4
5月	1,878.1	389.0
6月	1,885.8	378.1
7月	1,942.0	380.7
前週末	1,733.0	325.0

この十年以上、国内にいて日経新聞が手に入る限りは毎週見ています。いわば定点観測ですね。それによって見えてくるものがあるわけです。自分の仮説も検証できます。

3 ポイントを絞って経済統計を読み込む

この『景気指標』のもうひとつの見方は、そのとき関心のあることにポイントを絞って丹念に見ることとです。

いまわたしが関心を持っているのは、三段目の一番左の「現金給与総額」という数字です。というのも、巷で「景気がよくなった、よくなった」と言われているにもかかわらず、そこは前年比マイナスです。そこで、次に、家計の消費支出、百貨店の売上高を見ます。こちらも伸び悩みです。

つまり、**給料は上がっていない、給料が上がっていないから消費が伸びない、百貨店の売上高が伸びないという流れを確認する**わけです。

それからもうひとつ見ているのが、四段目に出ている物価の数字です。「国内企業物価指数」、「消費者物価指数」、そして、「輸入物価指数」というのが出ていますが、ここで、注目すべきは、輸入物価です。

ここ四年ぐらいで、四割以上上がっています。輸入物価というのは、輸入しているものの値段ですから、原油価格だとか鉄鉱石だとかを平均するとだいたい四十%ぐらい上がっていることになります。中国の安いものがたくさん輸入されて、輸入物価は下がっているように思うかもしれませんが、全部平均すると、四年前よりかなり上がっているのです。

次に、「国内企業物価指数」を見ます。これは「卸売物価」です。企業が仕入れるものの値段も、輸入物価の値上がりにつられて、ここ三、四年ぐらいで、七〜八%ぐらい上がっていることが確認できます。

ところが、もうひとつの指標である「消費者物価指数」は、逆に下落しているのです。すべてをおしなべた消費者物価は、実はまだ下落しているのです。

不思議でしょう？

輸入物価が四割も上がって、企業の仕入れが七%とか八%上がっているのに、最終商品の値段が上がっていない。となると？

そうですね。ここで、**「現金給与総額」の数字が、また違う見え方をしてくる**わけです。景気がよくなったと言われるけれど、「現金給与総額」は下落していました。それは、仕入れは上がっているのに、最終商品の値段は上げられない。で、どうするかというと、ひとつは給料を抑えているわけです。

ここで、もうひとつ見てみなければいけない数字があります。それは失業率です。支給されている現金給与総額が下がっているのですが、失業率も下がっている。小泉内閣のころは五％以上もあった完全失業率が、いまは三％台です。

それに伴い、「有効求人倍率」も上がっています。有効求人倍率というのは「求職者数」に対する「求人数」の割合です。小泉内閣の最初のころは、0・56、つまり、職を求めている人百人に対して五十六人分しか仕事がなかったのが、いまは1・05〜1・09まで上がっている。日本全国、仕事さえ選ばなければ必ず仕事があるということです。

給与総額が上がっていないのに、雇用情勢がよくなっている。これはどういうことか、分かりますか？

「非正規社員が増えている?」という仮説が思い浮かべばたいしたものです。それを確認するためには、日経新聞だけでは分かりませんが、実は正社員に対する有効求人倍率は、0・5台しかないのです。

つまり企業は最終消費財の値段は上げられない（コンビニの商品などは全然上がっていませんよね）。払う給料の総額は上げられない。それでも人手は必要。するとどうするかというと、正社員ではなくて、パートさん、あるいは派遣社員を求めるわけです。それで、派遣社員やパートさんの有効求人倍率は1・3以上あります。一方で、正社員のそれは、0・5台しかない、というわけです。

このように、統計の話でいうと、本当によく見ていると、**関連のない数字の関係性が見えてきます。**

点が線になり、線が面になり、最後は立体になっていきます。

これも、単に数字を見るだけでなく、仮説を立てて、それを組み立てていくことによって見えてくるのです。

そして、それを繰り返すのです。

ふつうの人が数字を見ても分からないのは、点でしかとらえないからです。数字というのは、一つには、時系列でとらえないといけません。

次に、いま、景気指標の見方の例であげたように、数字の関連性を見なければなりません。何か関係があるのではないかという仮説を立てながら見ていくのです。

数字の見方
時系列で見る
関連性の仮説を立てながら見る

ふだんから、このことに留意して関心を持って数字を見ると、それまで見えなかったものがたくさん見えてくると思います。

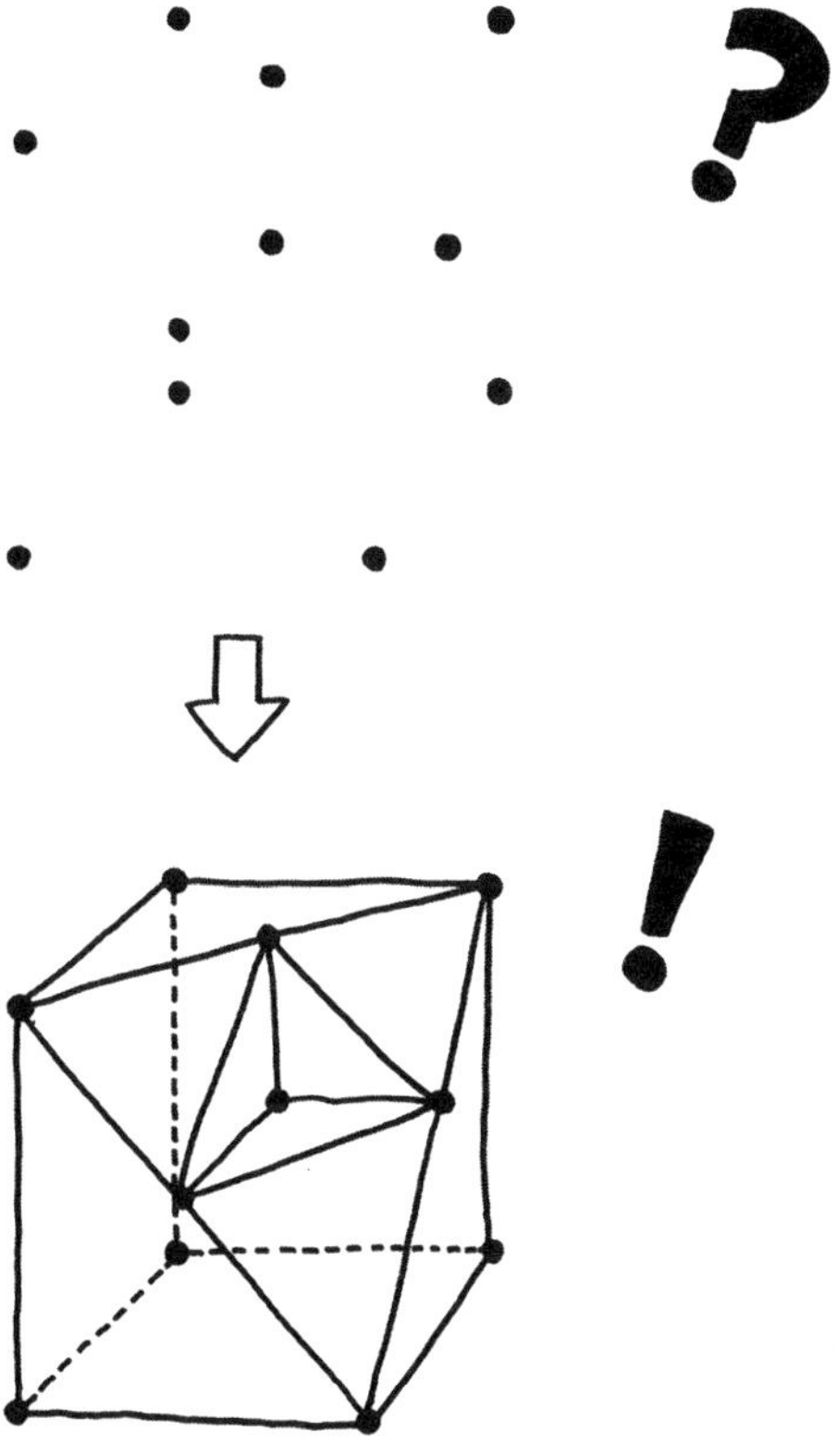

点も線にし面にすると見えてくる

4　複数のデータを、その関連性を推測しながら見る

いま説明した、数字という点をつないで線にして、線をつないで面にし、さらに面をつないで立体にする、という見方について、もうひとつ、例をあげましょう。

日経新聞の景気指標で、最近強い関心を持って見ている「アメリカの雇用統計」と「アメリカの住宅着工件数」についてです。

アメリカの住宅着工はいま前年比マイナス二十％ぐらいなのですが、これがもうしばらく続くとアメリカ経済はクラッシュする確率が高まります。世界経済にも大きな影響が出ます（と、本書のために六月に第一稿を書いていたら、校正に入る前に、案の定、低所得者向け住宅ローンの焦げ付きから、アメリカの株価が下落、日本の株式市場も大いに揺れています）。

なぜかというと、アメリカは相変わらず、膨大な貿易赤字をかかえているからです。かつての双子の赤字のうちの財政赤字は税収が増えて改善しましたが、貿易赤字はすごく増えている。年間八千億ドル、日本円にして百兆円ぐらいです。

日本の貿易黒字が約十兆円、中国がいま日本円にして二十兆円ぐらいですから、世界中の貿易黒字をアメリカがのみ込んでいる形になっているわけです。

なぜそんなことができるのかといったら、それは、アメリカの景気がいいから、個人消費がいいからです。

アメリカは、日本以上に、ＧＤＰの大半、七十％が個人消費です。そして、その個人消費のベースになっているのが、住宅なのです。

アメリカ人の住宅に対する考え方は日本人とはかなり違っていて、自分が住んでいる家の価格が上がると、それを担保に住宅ローンを借り換えます。

つまり、二十万ドルで買った家が三十万ドルになると、引っ越ししないで、単にローンを借り替えるわけです。で、それを現金化する。これを「キャッシュアウト」といいます。

キャッシュアウトをして何をするかというと、海外旅行に行ったり、車を買ったりするわけです。日本人には想像できませんが、それはもう考え方の違いですね。

でも、それが旺盛なアメリカの個人消費を支えているのです。かくして、アメリカのＧＤＰの七十％を、いわば借金による個人消費が支えているわけです。

でも、裏返せば、こうしてアメリカ人が世界中からものを買うからアメリカが貿易赤字になっている。アメリカの貿易赤字は日本や中国の貿易黒字というわけですから、アメリカの住宅着工件数が落ちると、中国や日本の経済に計り知れない影響があるのです。

先ほど言ったように、日本はいま個人消費がよくありません。いま、よくなっているのは、素材とかエネルギーの価格が上がっているからで、鉄やエネルギーを扱っているメーカーや商社が調子いいから。そして、そういうところがどんどん設備投資をするからです。ただし、最終消費は振るわず、一部の人たちには全然恩恵がない。働く人の現金給与総額が上がっていないからです。

だから、アメリカの景気が落ち始めたら（もう落ち始めていますが）、そして、それが長引くと、世界経済にすごく影響があると、わたしは見ているわけです。

このように、「住宅着工件数」という「点」が、同じくアメリカの「個人消費」という「点」とつながり「線」となり、さらにそれが「貿易赤字」となって、最後には日本や中国経済、ひいては世界経済という「面」につながっていく。

これも仮説から見えてくるものです。

そして、こういうことが見えてくるのは、毎週、それらの数字を見ているからです。

このように**数字という「点」を「線」にして、「線」を「面」にして、「面」を「立体」にしていくという見方**ができれば、経済学を学んでいなくても、評論家の話を聞かなくても、いま、何が世界経済を脅かすボタンになっているのかということが分かるのです。

5　仮説を持って、新聞や情報を読む

では、どうしたら、そのように数字や記事を見ることができるのか？　一見、バラバラに転がっているように見える情報を、線にし、面にすることができるのか？　というと、やはり、関心と仮説なんです。

関心と仮説があると、必要な情報が目に飛び込んできて、自然につながっていくのです。

実は、いま、M＆Aの本を書き上げたところなのですが、M＆Aのプロが必ずしも、一

般の人には公開されていない内部情報によって買収を進めるとはかぎりません。かなりの情報は、最初は新聞とか雑誌からです。だれでもアクセスできる情報からです（わたしも銀行員時代、ウォールストリートジャーナルの小さな記事からM&Aを一件成立させたことがあります）。

でも、幸いなことに（！）、同じ情報を前にしても、ふつうの人には何も見えていない。だから、プロがプロたりえるわけです。

いうまでもなく、**プロは仮説を持っている。だから、必要な数字や記事が自然に目に飛び込んできて、ふつうの人には見えないものを見ることができるのです。**

そして、見えるから、さらに突っ込んだ仮説を立て、さらにものが見えるようになるのです。

3　ふつうのものをたくさん見る

1　ノーマルなものをたくさん見る

実は、昨年、肺に小さな腫瘍が見つかり、その摘出手術をしました。ごく初期のうちに手を打てたのは、顧問先の尾張一宮にある大雄会病院で定期的に検診を受けていたからです。PET検査（1センチのガンでも映る）にも出なかったのに、CTを見て、検診部長の目崎先生が見つけてくれたからです。

考えてみたら不思議だなと思いました。CTの画像なんて、素人が見ても、まったく分からない。でも、先生には分かった（先生はわたしのほかに、わたしの知り合い数人の腫瘍も発見しました）。なぜかと尋ねたら、「ノーマルをたくさん見ているから分かるんです」と言われました。

それも、ひとつのものの見え方ですね。

経営指標でも、業界での平均値をある程度知っていれば、うまくいっているかどうかが分かります。お医者さんも、やはりノーマルな人の画像をどれだけたくさん見ているかで異常が分かるというのです。

異常、つまり、病気だけを見ていると、病気か正常かが分からないけれど、ノーマルをたくさん見ていると、異常が分かるのです。

２　平凡なものと比較する

いまあげたのは、腫瘍という好ましくない「異常」でしたが、逆に、標準レベルを超えた優れたものについても、標準的なものを知ってはじめてその優れた点が分かるものです。

ザ・リッツカールトン大阪というのは、そのサービスで有名なホテルですが、大阪でセミナーをする関係上、リッツカールトンに泊まってはいるものの、いまひとつ、いったいなぜそこまで評判が良いのか、分からないでいました。

もちろん、部屋はスタンダードタイプでも六十㎡ほどと広いし、照明もいいし、じゅうたんもふかふか。サービスもそこそこいいかなと、まあ、その程度の認識だったのです。

ところがあるときに、どうしてもリッツカールトンがとれなくて、別のホテルに泊まることになりました。どことは言いませんが、そこも日本では屈指のホテルのひとつです。部屋は同じように広くて良かったし、従業員の接客態度もサービスも一流でした。

リッツカールトンの良さが分かったのは、朝の起きがけのことでした。朝、目覚ましより早く目が覚めてしまったんです。空調の音で。ボッと大きな音で空調が入ったのです。それではじめて、リッツカールトンは空調の音がしないということに気づきました。どういう仕組みで音がしないのかは分からない。けれども、リッツカールトンの空調はとにかく音がしないのです。でも、それまでは、そのことにまったく気づきませんでした。つまり、**対比するものがあったから、その良さが分かったのです。**ずっとリッツカールトンに泊まり続けていたら、分からなかったかもしれません。

わたしたちは、特別なものが見極められるようになりたいと思いますが、そのためには、日ごろから、**いろいろなもの、たくさんのふつうのものを見ている**ことが必要なのだと思います。

同じようなことは、成田空港にもあります。わたしは海外出張も多く、いろいろな空港を使いますが、そのおかげで、成田空港の「お客さま本位」に気づきました。スーツケースをターンテーブルから取るときです。成田空港では、スーツケースの取っ手が必ず外側に向いて回ってくるのです。お気づきでしたか？

海外の空港に行くと、取っ手が内側になっていたり、場合によっては二つ重なって出てきたり。この間もお客さまとグアムに研修に行ったら、転がるように落ちてくる。実際、ターンテーブルから落ちているものもあります。でも、成田ではそんなことはありません。

どうしても気になったので調べてみると、お客さまが取りやすいように、取っ手が外側になって出ていくように、裏で人間が手で調整しながら荷物を出しているのだそうです。新しいところは機械でやっているかもしれないけれど、最初の第一ターミナルではそうしていると聞きました。

これももし、成田空港だけしか知らなかったら気づかなかったかもしれません（さらに、「お客さま本位」という基準を持っていなかったら）。

対比するもの、多くの平凡なものを知ってはじめて、優れたものの価値が見えてきます。

4 問題解決を極める

1 問題解決の経験を重ねる

「問題解決」より「問題発見」というようなことが最近言われるようになりました。問題発見能力というのは、まさしく、ものが見える力のひとつです。

たとえば、先に例にあげた小林製薬は、お客さまからの声を聞く前に、お客さまがほしがる商品をつくります。なぜなら、ニーズに応える前にニーズを発見できるからです。

つまり、問題発見能力というのは、発想力、企画力、創造力と深い関連を持つ能力です。

それだけに、問題解決能力以上に、その訓練がむずかしく思われます。

問題解決なら、いわゆる学校の勉強や、受験勉強と同じレベルで鍛えられそうな気がするけれど、見えていないものを発見する能力となると……。

いったい全体、どうすれば、問題発見能力を身につけることができるのか？

わたしが出した結論は、**問題解決を極めれば問題発見能力は高まる**ということです。

わたしがそれに気づいたのは、なんと、毎朝のオフィスのお掃除からです。

中小企業には毎朝お掃除するところが多いと思いますが、わたしのオフィスも同じです。お掃除というのは、汚れたところだとか乱雑になったところをきれいにすることですから、これは、問題解決をしているわけです。でも、たとえば、部屋の半分だけ掃除すると、残りの半分が汚いことが分かります。つまり、それで問題を発見できるわけです。

そういえば、鉄パイプを、一日中、六、七時間、研磨する研修をやる会社もあります。最初は、粗目のサンドペーパーで削っていくと、だいたいきれいになっていきます。でもペーパーの番手を上げていくと、どんどん細かくなっていき、細かくして削っていくと、よそがきれいに削れていないことが分かってくると言います。

つまり、問題を解決しようと（＝きれいにしていこうと）すればするほど、違うところの問題点が見つかってくるのです。

だから、**問題を解決することが、問題発見をするためのひとつの前提になります。いきなり問題発見だけができるということはありません。**

トヨタの「カイゼン」も同じだと思います。改善に改善を重ねているうちに、その先に問題発見ができるようになる。

よく、よその会社が、トヨタのカンバン方式を導入してもうまくいかないと言われますが、それは、形だけ真似しても、その中身、つまり、トヨタの人の改善の考え方だとか、問題発見にまで能力を高めていくという意識のほうまでは、導入していないからではないでしょうか？　形だけでは、カンバン方式は成り立たないのだと思います。

問題発見といえば、一般に、ふつうの社員より社長のほうが、会社の中でのいろいろなことに、より早く気づくものです。

「小さなゴミが落ちている」、「コピー機のふたが閉まっていない」などに最初に気づくのは社長ではないでしょうか？　また、予期しないような問題点を指摘するのも社長であることが多いのではありませんか？

それは、そもそも社長になる人というのは、問題解決能力だけでなくて問題発見能力も優れているからだとも言えるし、逆に、現場をたくさん踏んで問題解決をしてきているから、どこに問題があって、次にどこに問題が発生しそうだとかということが見えるのではないかとも思えます。

また、責任の裏返しでの危機感や真剣さのレベルが違うことも「見える」ことに影響しているのでしょう。


問題解決の経験をたくさん積むことです。それが、問題発見の能力につながります。

２　徹底して行う

先ほど、わが社のお掃除の例をあげましたが、さらに気づいたことがあります。それは、お掃除は、毎回、持ち回りでいろいろな場所を掃除するより、持ち場を決めてやるほうが問題発見につながりやすいということです。

同じことをずっとやっていると、ここにこういう汚れがあって、ここにこういう問題がある。この椅子はちょっと傷んでいるとか、いろいろなことが見えてきます。ただ漠然と掃除していていては、何万回やっても見えてこないのです。

つまり、いま、問題解決の経験をたくさん積むことだと言いましたが、さらに言えば、**問題解決もただおざなりにやっていては、問題発見にはつながりません。**徹底して行わなければいけないのです。

また、上司は部下に対し、何事も徹底させるよう指導することが、見える人、気づく人を育てるためには重要です。

問題解決を徹底すれば、新たなものが見えてきます。

つまり、

キーワードは「徹底」です。深くやるということです。

「徹底」ということについて、思い出すのは、当社の旭川セミナーで「山頭火ラーメン」の創業者にしていただいた講演です。もともとアパレルをやっていた人が起業した、旭川にあるラーメンチェーンで、大当たりしました。

旭川ラーメンのひとつで豚骨味なのですが、あっさりめで、においがしない、それによく合う特製の麺が特徴です。

わたしはラーメンのことはよく分かりませんが、麺の成分のうちナトリウムが何%でカリウムが何%だと味の出方が違うとか、どの世界にも、こだわると見えてくることがあることを改めて実感した講演でした。こだわって深く知っていくと、他社のこのラーメンはナトリウムがちょっと足りないんだとか、そういうことが分かるというのです。

徹底的に考え、試行錯誤し、こだわることによって、見えてくるものがたしかにあります。

5　関心の幅を広げる・奥行きを深める

1　興味のない新聞や雑誌もとりあえず買う

2の「新聞を読む」の項でも触れましたが、いろいろなことに関心を持っている人ほど、ものが見えやすいものです。「引き出し」が増えるからです。そして引き出しが多いほど、さらに関心が高まり、仮説も立てやすくなります。2項では、そのために、新聞は一面から順番に読むといいというお話をしましたが、さらに言えば、別の新聞も読むことです。

ビジネスマンの場合、たいていは日経新聞を読むように言われると思いますし、わたしもそれをお薦めしますが、実は、日経だけではダメなんです。一般紙も読まないといけません。社会の中の会社であり、社会の中の経済なのですから。

だから、一般紙も読んで、ふだんから幅広いことに興味を持っておくことです。

ほかに、わたし自身がやっていることとして、『ニューズウィーク』を読むことというのがあります（日本語版でだいじょうぶです）。本来ならば、わたしが読みたいのは、『ビジネスウィーク』です。仕事に直接関係のある記事が書いてあるのは、『ビジネスウィーク』のほうですから。そこをあえて、『ニューズウィーク』も買う。

そこには、たとえば、新しいイギリスの首相にブラウンさんがなったとか、ニューヨーク市長のブルームバーグが米大統領選に出馬する、前市長のジュリアーニも出馬するとか、自分の仕事と直接関係のない記事が載っています。で、それを暇なときにパラパラと見るわけです。ふつうだったらわざわざ読もうとはしない記事も、とりあえず買って持って歩けば、ちらりとは見ることになりますから。

同様に、最近は、テレビも意識的に見るようにしています。一時、テレビはよくない、読書がいいとよく言われました。テレビは受動的で、読書は能動的だからです。

でも、逆に言うと、読書というのは能動的な行為であるだけに、どうしても好きなものしか選びません。これに対し、テレビは流しておくと、まったく関心のなかった思いがけないものを見ることになります。そこに、関心の幅が広がっていく可能性があるわけです。

2　関心を深める訓練をする

前の項で、「こだわる」という言葉をつかいましたが、いわゆる「オタク」と呼ばれる人というのは、ある意味、こだわる能力のある人だと言えるかもしれません。

最初のほうでカミングアウト（！）したようにわたしも新幹線オタクですので、擁護するわけではありませんが、「オタク」というのは、こだわりの強い人種なのです。

その**こだわりから、仮説を立てる。仮説を立てて検証すれば、当たっていたか当たっていないかが分かる。で、もし当たっていなかったら、ほかの仮説を立ててと、続けていきます。**

たとえば、新商品を売り出すにあたって立てた戦術がうまくいかなかったとします。こだわりのある人は、だったら今度は、この方法でやってみよう、とあくまでも、その商品をヒットさせることにこだわって、別の仮説を立てます。ときには悩みます。

ところが、こだわりのない人は「ああ、売れなかった。それはしょうがないや」「運が悪かった」で終わってしまうわけです。悩まないのです。

特定の自分の好きなものだけにこだわる「オタク」はふつうの会社では使えないかもし

れませんが、一般に、何かにこだわりを持てる人は、ほかのことにもこだわりを持てるようです。逆に、ひとつのことにこだわりの持てない人、関心を持てない人というのは、何に対しても関心を持てないように思いますが、いかがでしょうか？

つまり、こだわるというのは、物事に対する関心の深さです。そして、物事は、関心の広さと深さに応じて見えてきます。

なぜなら、物事にはすべて、横の広がりと奥行きがあり、**ものが見えるというのは、この広がりと奥行きの全部が見えるということだからです。**

では、どうしたら、物事の広がりと深さの両方が見えるようになるのか？　といったら、これもやっぱり訓練です。

訓練によって、無理矢理、関心を持つように自分をもっていくのです。

どうやって？

先にあげた新聞を一面から順番に読んだり、本当は興味がないような雑誌も読んだりすることで、まずは、関心の幅を広げていきます。

さらに、日常の行動のパターンにも工夫が必要です。だいたい、知っている道と知らない道があったら知らない道を歩くなど、ふだんから、新しいものにチャレンジしていくタイプの人のほうが、ものがよく見えるものです。

新しい商品やお店、話題のエキシビションや映画があったらすぐ見に行ってやろうとか、ちょっとアキバに行く時間があったら、ヨドバシカメラに行って見てこようかなとか、それも、「一番多く展示している商品は?」などと、前もって関心や仮説を持っていく、そういうふだんからの行動パターンがものを見えるようにしていると思います。仲間同士で刺激しあうとより効果的です。

こうして、**できるだけいろいろなものに触れていくことにより、一見関係がなさそうに散らばっているニュースや数字、商品の関連性というものが見えてきます。それが、物事の奥行きを見ることになり、ものを見る力を養うのです。**

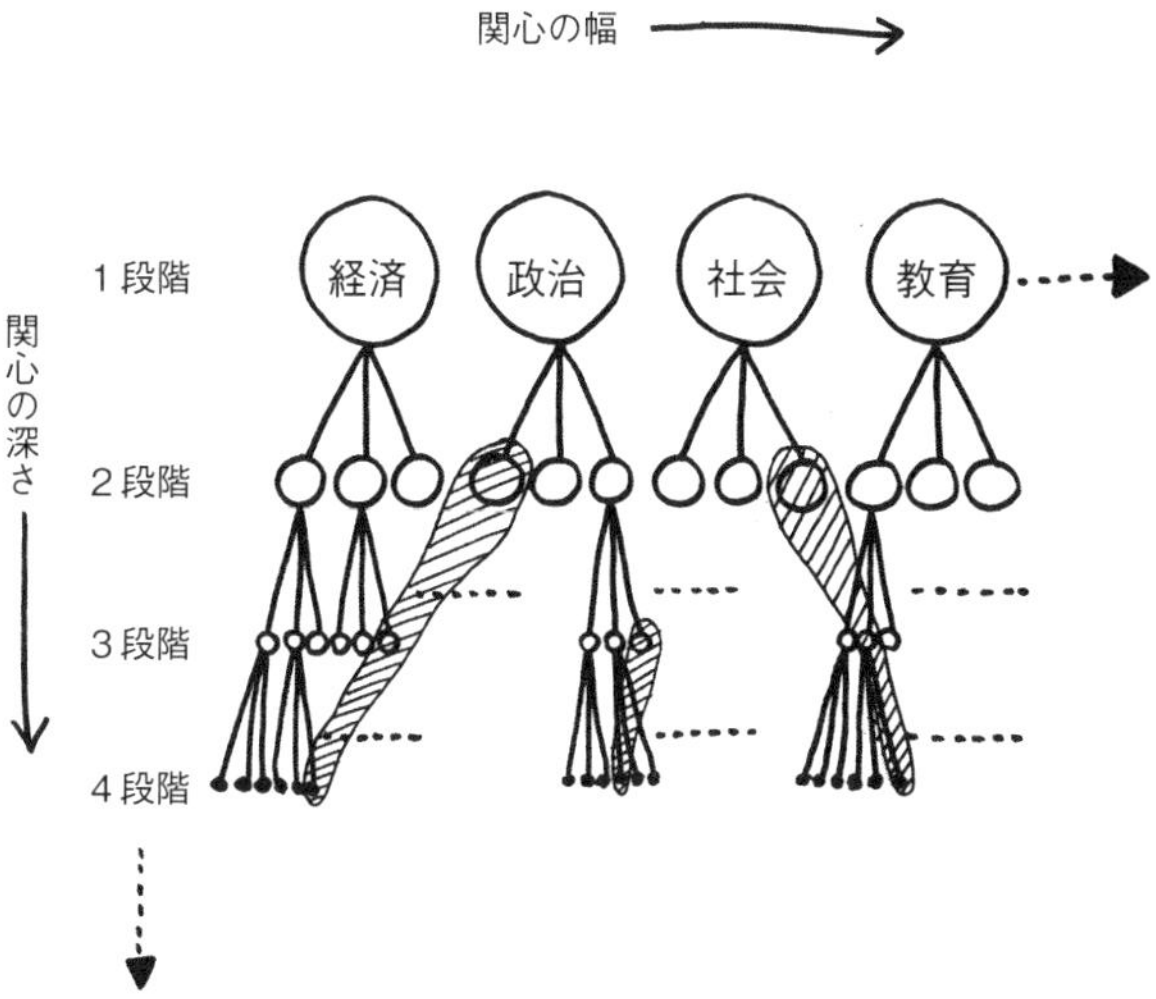

広く深く見られると、物事の関連性が見えてくる

3　責任を持つ

前の項で、一般社員より社長のほうが、会社の中でのいろいろなことに気づくものだと書きましたが、それも、そもそも関心があるからだとも言えます。関心があるから、オフィスの床に落ちている小さなゴミやコピー機のふたが開いているのに気づくし、営業部長の見過ごした数字の関連性や経理部長の見落とした経理資料の誤りにも、すぐ気づくわけです。

これはいったいなぜなんだろう、とずっと考えていました。

――そもそもなぜ「関心」が持てるのか？
――なぜ、ふつうの社員は社長ほどに「関心」を持てないのか？
――「関心」には、それが生まれる前提となるものがあるはずだと。

関心の源について突き詰めていくと、そこにあるのは、やはりひとつは「責任」だと思いました。より正確に言うと「責任感」です。

責任を責任と感じるとそれに必要なものが見えます。真剣さも違ってきます。

経営者としての責任があるから、社内で起こっているすべてのことに関心があるし、目に飛び込んでくる。

逆に言うと、下の人でも、自分の担当業務だけでなく、会社全体のことに関心を持つことができれば、もっといろいろなことが見えてくる、ということです。そして、そのようにものが見える人が偉くなれるのです。上司は部下に「やってみなはれ」でやらせることも必要です。

もし、それが見えない、自分の小さな世界しか見られないとしたら、その人はそれだけの人だということです。

わたしが日本のマクロ経済の数字を毎週丹念に見ているのも、経営コンサルタントとしての仕事上、必要な部分があるからです。役員をしている会社やそれ以外の会社の役員会に行って話したり、公的な場で話さないといけないときに、世の中の流れが分からなくては困ります。

それが仕事だからです。仕事に責任を持っているから、関心も出てくるというものです。だから、大きな責任を与えられた人は、その責任感が強ければものが見えやすくなります。逆に、責任感もなく、またものが見えていない人には、なかなか大きな責任は与えられないものですから、余計見えなくなってしまう、という悪循環もあるわけです。

4 真剣に考えるきっかけをつくる

一般に、ふつうの優秀な社員は、自分の仕事にはたいへん関心を持っています。でも、会社全体のこととなると、ほとんどの人は、基本的には興味がない。

従業員数約千人の会社でアンケート調査をしたことがあります。いろいろな項目について、満足しているかどうかを尋ねるもので、その結果、全体的な満足度に関しては、六十五％の人が「ふつう」と答えていました。その会社の社長が「この六十五％という数字はどういう意味にとらえたらよいですか」と聞いてきたので、わたしは、「残念ながら、六十五％の人は、この会社について無関心だということですよ」と答えました。

なぜかというと、あることについて真剣にやっているとき、人に、「ふつう」はないんです。「好き」か「嫌い」かしかなくて、「ふつう」はない。

社長は、それが自分の仕事だから、会社全体のこと、利益や預金残高や会社を取り巻く市場の状況に関心があるけれど、一般の社員は、自分の仕事については興味や関心があっても（ただし、前向きの社員の話。困ったことに、自分の仕事にすら興味や関心のない社員も存在しますが、こういう人は論外）、会社全体のことに関心はないものなのです。だから、ゴミが落ちていても、コピーのふたが開いていても気がつかない（しつこくて、すみません）。

でも、だからといって、一般社員の人が悪いわけではありません。多くは、会社全体のことを考える機会をほとんど与えられていないのです。だから関心が持てない。持てないように会社がしてしまっているわけです。

実際、そうではない会社もあります。入社したばかりの新入社員でも、会社全体のことを考えている会社もあります。そういう会社では、社員の全員に、「for the company」の視点で考える機会が与えられています。「for myself」でも「for ourselves」でもなく、「for the division」でもなく、「for the company」。

会社全体にとって何をするのがいいことなのか、悪いことか。どうやればみんなが幸せになれるか、お客さまがどうやったら幸せになれるか、それを考える機会を持つことによって、自分の仕事だけでなく、会社全体のことに、関心が持てるようになります（前向きの人ならば！）。

そして、会社や上司はそういう関心を持てる機会を提供するのです。教師が学生に、親が子どもに対しても同じです。

ときにはテストやプレゼンをさせることなどで、強制的に関心を持たせることも必要です。良い会社では、仕事に直接関わりのないマクロ経済などの話題で勉強会を開くなどしており、わたしもときどきそうした勉強会に講師として招かれます。

考える機会が与えられることで、関心が生まれます。
関心を持てば、好きか嫌いかどちらかが分かります。つまり、基準が生まれます。
その基準が仮説となり、いろいろなことが見えてくるのです。

関心やこだわりがあると、ものが見えます。

関心やこだわりのベースには、刺激があります。よく見えている人の話を聞くとか、本書のような本を読むとか、ふだんは読まない新聞の記事を読むとか、旅行をするとか、知らない道を行くとか、新商品を試してみるとか、会社全体のことを考える機会とか……。

そういう刺激があると、ものが見えます。

6　思想を持つ

わたしが尊敬する会社の会長は、部長までは能力で昇進させるが、役員にするかどうかは、思想があるかどうかで決めていると言います。

これをやっていいか悪いか、進むか撤退するかなどといった会社の方針の決定の際に必要なのは、能力ではなくて、拠って立つ思想であり、その思想をしっかり持った人を役員にしていく、そうすれば、会社が大きく道を誤ることはないからと、そう言います。

ここで言う思想とは、倫理観、価値観のことです。つまり、人を優先するのか、お金を優先するのかとか、あるいは、男性しか昇進させないとか、女性を積極的に活用するとか、すべて価値観の問題です。そういうことをきちっと持っている人のことを、思想がある人と言っているのです。

たとえば、ダイバーシティといっても、まだまだ女性を昇進させない会社が多いのが現状だと思いますが、わたしは、最初に勤めた東京銀行で、二度、女性上司の下で働きました。いまから二十数年前のことです。役員にはいませんでしたが、当時の本店営業部長は女性でしたし、海外勤務の女性も常時五十人ぐらいはいました。その後、三菱銀行と合併したときに、それはなくなって、そのとき優秀な女性社員の多くが辞めたと聞いています。

当時は、外国為替専門銀行で、国内支店よりも海外支店のほうが多く、外国人行員も多くいましたが、上層部に、そういう思想があったからだと思います（昔から、頭取でも新入社員でも「さん」で呼ぶことが徹底しているなど、非常にリベラルでした）。

おかげで、わたし自身、男女の能力に対する誤った先入観を持つことなく、物事が見られるようになりました（実際、わたしがいま教えている会計大学院でも、成績上位はほとんどが女性です）。

ものが見えるには、仮説を持つことが大切だと何度もお話ししていますが、**適切な仮説を立てるためには、その根幹となる正しい思想が必要です。**

思想があれば、物事の原理原則を見極めることができます。原理原則から、ものを見ることができるようになると思います。

第5章

ものが見える
10の小さなヒント

1　先に要点を知る

アメリカのビジネススクールに行っていたとき、一〇〇〇ページとか二〇〇〇ページの本やケースを読む課題が毎週渡されました。そんなもの、アメリカ人だって、全部、読めませんからどうするかというと、目次とはじめの概説部分を読む、それから、太文字になっているところだけをばーっと読んでいったり、見出しは太字が多いから、見出しだけ読んでいったり。そうやって、ハイライトされたものだけ見ていって、要点を知るわけです。

それから、特に大切そうなところや関心のあるところだけ、すこし丁寧に読む。

おそらくは、いわゆる速読というのも、基本的には、同じ考え方によるものではないかと思います。

まずは、先に要点を知るだけで、ものはずいぶん見えやすくなります。

逆に、部下に指導するときは、関心を持ってほしい部分を何度も強調するなど、見えやすい形にしてやるとよいでしょう。

2　ヒントを先に得る

先に要点を知ることと同様、ヒントを先に得ることもものが見えるようになるコツのひとつです。美術館に行ったときに、はじめて見る絵でも、説明書きを先に読めば、絵の見え方が違います。旅行に行くときに、先にガイドブックを読んでおくのも同じです。

同様に、よく分かっている人からある程度のレクチャーを受けたら、ものの見え方が違ってくることもあります。もっとうまい人はヒントだけを与えて、見えるように考えさせます。そうした意味で、教師や上司、先輩の役割というのは重要です。

3　分解する

問題を分解すると、ものが見えやすくなります。最初のほうでもお話ししましたが、たとえば、アパレルで企画を立てるとき、新人に、「世の中全体のトレンドはどうなの」と聞いても分からないけれど、「原宿に行って色だけ見てこい。デザインだけ見てこい」とブレイクダウンすると、見えやすくなります。初心者に対し課題を与えるときは特にこうした配慮が必要です。

自分で見える力を高めたい場合には、**全体像を見るとともに、興味のある一部分を特に注意深く丹念に見るようにする**と見え方が違ってきます。

4 情報を減らす

3の「分解する」とも関連しますが、たとえば、物が少なく片づいた部屋と物が多く散らかった部屋では、片づいた部屋のほうが、カーペットの汚れが見えます。カーペットも全体が汚れていては、一カ所だけの汚れが際立って見えません。

つまり、見る対象を少なくする。これが、ものが見えやすくなる方法のひとつです。

だから、上司が部下に仕事を指導する場合も、「頑張ってね」ではなくて対象を絞り、何をどう頑張ればいいのかということを教えてやるのが、優れた上司です。インプットは少ないほど、見えやすくなります。

5 気づいたことをすぐメモする

ものが見える、というのは、発見であると同時に、ひらめき、つまり発想です。ですから、気づいたことがあったら、すぐにメモする習慣を持つことが大事です。

そのためには、常に近くにメモ帳やノートを持っていることをお薦めします。わたしはときどき、手帳をメモ帳代わりに使うこともあります。わたしたちは忘れるからです。忘れるうちに見えなくなることがよくありますから。少なくとも、わたしはそうです。

メモを見直すなかで、そのメモに書かれた事柄同士の関連性に気づき、さらに、ものが見えてくることもよくあります。

6　比較する

リッツカールトンのホテルの空調の話のところにも書きましたが、比較してはじめて分かることはたくさんあります。というか、基本的には、わたしたちは、比較によって、物事を認識するのです。

たとえば、ドミソとドファラの和音の違いなど、絶対音感のある人以外は、単独で聞かされても分からない。でも、順番に弾いてもらえば分かる。

財務諸表でもそうです。トヨタの財務諸表だけ見ていても分からない。でも、三菱自動車の財務諸表と見比べたら、どちらがいいか悪いかは簡単に分かる。比較することによって、見えることはたくさんあります。比較するというのは、物事を見るときの基本です。

ところで、わたしは、実は、三年連用日記をつけています。自分で言うのもなんですが、「続く人」で、五冊目が今年で終わろうとしているので、かれこれ十五年ですね。三年連用日記のいいところは、一年前や二年前が見えるところで、比較する習慣が身につく。それと、ものすごい昔だと思っていたことが一年前のことだったり、つい最近だと思っていたことが二年前のことだったりと、自分の感覚がいかに曖昧かというのがよく分かるということもあります。

7　一部を取り替える

先日、会社の応接室に、キャビネットを入れました。うちは毎日お掃除していますし、それが趣味みたいな会社なので、それを入れるまでは、それなりに整った部屋だと思っていました。ところが、新しいキャビネットを入れた途端、周りのものが古くなっていることに気づきました。

これも、「比較」の一種ですが、何かひとつを入れ替えることによって、そのほかのものに気づくということはよくあります。それまで見えなかったものが見えてくるのです。

8　視点を変える

昔、東京駅の雑踏の中でジャイアント馬場を見たことがあります。ものすごい人の流れの中で、ジャイアント馬場だけ胸から上が飛び出して見えていました。ふつうの人なら、前の人の頭ぐらいしか見えないというのに、彼には全景が見えていたはずです。だとすると、背の高い人というのは、よく見えるだろうなと思いますが、どうでしょうか。

身長を変えることはできませんが、いつもとは違った場所からものを見てみることはできます。物理的にも、心理的にも。円錐は横から見ると二等辺三角形ですが、上から見ると円です。視点を変えると、ものはまったく違って見えます。

9　複数で話す

毎年、夏は北海道、冬はグアムに行って、会社の十年先のことを考えるというセミナーを開いています。ふだんは、各社の社長や幹部だけが一人で参加するのですが、あるとき、幹部と社長が二人で参加した会社と、同業の社長が二人ペアで参加した会社がありました。

そこで気づいたのは、ペアで自社の将来を考えた人たちのほうが、一人で考えた人たちより、格段に出来がよいということでした。

つまり、どんなに頭のいい人でも、自分の発想とか自分のバイアスとか、自分の目の位置、視点の位置を、変えようと思っても変えられないのです。ところが、複数の人の立ち位置でものを見ると、視点も発想法も先入観も違うから、必然的に意見も違ってくる。その衝突から、見えていないものが見えてくるのです。

複数の視点を持ち込むために、複数で話すことは、ものが見えてくる大きなポイントになります。

最近、経営者や経営幹部の間で、ビジネスコーチを雇う人が増えてきているようですが、それも、この、別の視点を持ち込むことによって、ものを見えやすくするためのことだとも言えるでしょう。

10　素直になる

ものが見える最後のヒントは、素直であることです。いくら複数で話したり、わたしのようなコンサルタントを雇っていても、別の視点を受け入れる素直さがないと、何も変わりません。この本をここまで読んでも、何も変わりません。

こだわりは大事だけれど、頑なさはだめ。頑なな人は、ものが見えません。というか、ものが見えない人のことを頑なな人というのかもしれません。

頑なになっていると、自分は絶対に正しいと思って、自分の視点は絶対変えない。そういうことになると、見えているものでも見えなくなりますね。

一般に、年をとると、ものが見えなくなるのは、そういう、こだわりが強くなりすぎるからかもしれません。

こだわらないと見えないんだけれど、それにとらわれて視点を動かさないと、見えなくなってしまう。むずかしいけれど、そういうものではないかなと思います。

おまけ
ものが見える人は幸せになれる

ものが見えるということは、気づくということでもあります。いずれにしろ、見えないことには、気づけません。そして、ものや事象に気づくということと、他の人の状態に気づくということは同じです。

気づく人というのは、人が困っていたりするのが見えるわけだから、進んで手助けしてあげることができる。見て見ぬふりというのもありますが、日常的には、分かっているけれど知らんぷりをする人よりも、困っていることに気がつかなくて、結果として知らんぷりをしてしまう人のほうがずっと多いのではないでしょうか。

さらに、気づく人は、人が喜んでいるときにそれに気づきますから、いっしょに喜んであげられるでしょう。そういう人をみんな好きですよね。苦しんでいるのに気づかないとか、喜んでいるのに同調してくれないとか、やはり、そういう人は友だちにはしたくないものです。

最初のほうで、女性の髪型が変わったのに気づく方法について書きました。それは表面的なことではありますが、髪型の変化に気づくのと、人の苦しみや悲しみ、喜びに気づくというのは、基本的には同じことだとわたしは思っています。気づかない人は、どちらも気づきません。だって、その人のことが見えていないわけですから。

見えるというのは気づくということにつながっていて、見えると幸せになれる。

この本では、おもに、仕事を深めるために、プロフェッショナルとしての「発見力」、「発想力」と同義のものとして、「ものが見える力」について書いてきましたが、本当はそれ以上に、人の喜びや悲しみが分かる、見えるということが、人として、非常に大事なことではないかと思っています。

あとがき

仕事柄、新幹線もそうですが、飛行機にもよく乗ります。それに関連して、少しオタクぽい話をひとつ。以前から、空港の滑走路に番号がついているのには気づいていました。たとえば、羽田空港の場合には、通常使っている滑走路が「34－16」、横風用の滑走路が「04－22」といった具合です（正確には「34－16」はRとLの二本あります）。大阪空港も二本の滑走路がありますが、両方とも「32－14」です。

この数字の意味を知りたいと思っていたら、ある人が教えてくれました。「方位」だそうです。18が真南で36が真北を表しているそうです。ですから、どの滑走路も大きな数から小さな数を引けば18、つまり、１８０度の角度の差があるわけです。納得しました。

この話を知り合いにすると、よくそんなことまで見ているなと言われますが、やはり、興味があるから見ているのだと思います。角度だと教えてくれた人も、ある会社の社長ですが、別に航空関係の方ではなく、ただ、すごく興味をお持ちなのだと思います。

もうひとつ、この話に関連して言いたいことは、「すべてのことには、理由がある」ということです。番号ひとつとっても、その裏には理由があるのです。

何を知っても勉強になるような気がします。一つひとつものを知るたびに、「こんなこともあるんだ」と感心し、感動することもしばしばです。

さらに、昔勉強したことでも、新たに勉強し直すと「発見」があります。わたしは、これも仕事柄、本をよく読みますが、昔勉強したことでも、読み返してみると、必ず何か「発見」があります。もちろん、人間ですから、昔読んだことのかなりを忘れているからだと思いますが、それ以上に、これまで経験したことや勉強したことが、昔読んで気づかなかったことを気づかせてくれているのだと思います。

見えたり、気づいたりすると、世界が広がったような気がして、うれしくなります。そこから、さまざまな発想も生まれてきます。今後も、どんどんいろんなことを身の周りで発見していきたいと願っています。

本書が、少しでもみなさんの「見える力」向上に貢献したとすれば幸甚です。

本書出版にあたり、これまでいろいろなことを教えてくださった方々に感謝するとともに、本書の企画段階からわたしに刺激を与え、サポートしてくれた、ディスカヴァー・トゥエンティワンの干場弓子社長に心よりお礼申し上げます。

二〇〇七年秋

著者

ディスカヴァー携書　012

ビジネスマンのための「発見力」養成講座

発行日　2007年 9 月15日　第1刷
　　　　2007年12月20日　第9刷

Author　小宮一慶

Book Designer　遠藤陽一（DESIGNWORKSHOP JIN,Inc.）
長坂勇司（フォーマット）
ムーブ（本文図版）

Publication　株式会社ディスカヴァー・トゥエンティワン
〒102-0075　東京都千代田区三番町8-1
TEL　03-3237-8321（代表）
FAX　03-3237-8323　http://www.d21.co.jp

Publisher & Editor　干場弓子

Promotion Group
staff　小田孝文　中澤泰宏　片平美恵子　井筒浩　千葉潤子
早川悦代　飯田智樹　佐藤昌幸　横山勇　鈴木隆弘
大薗奈穂子　山中麻吏　吉井千晴　山本祥子　空閑なつか

assistant staff　俵敬子　町田加奈子　丸山香織　小林里美　冨田久美子
井澤徳子　古後利佳　藤井多穂子　片瀬真由美
藤井かおり　三上尚美　福岡理恵　長谷川希
島田光世　仲ひかる

Operation Group
staff　吉澤道子　小嶋正美　小関勝則
assistant staff　竹内恵子　畑山祐子　熊谷芳美　荒井薫
清水有基栄　鈴木一美　田中由仁子　榛葉菜美

Creative Group
staff　藤田浩芳　千葉正幸　原典宏　橋詰悠子　三谷祐一　石橋和佳
大山聡子　田中亜紀　谷口奈緒美　大竹朝子

Printing　共同印刷株式会社

ISBN978-4-88759-582-8

白井